40歳すぎたら考えたい

快適な老後のための7つのヒント

秋月枝利子

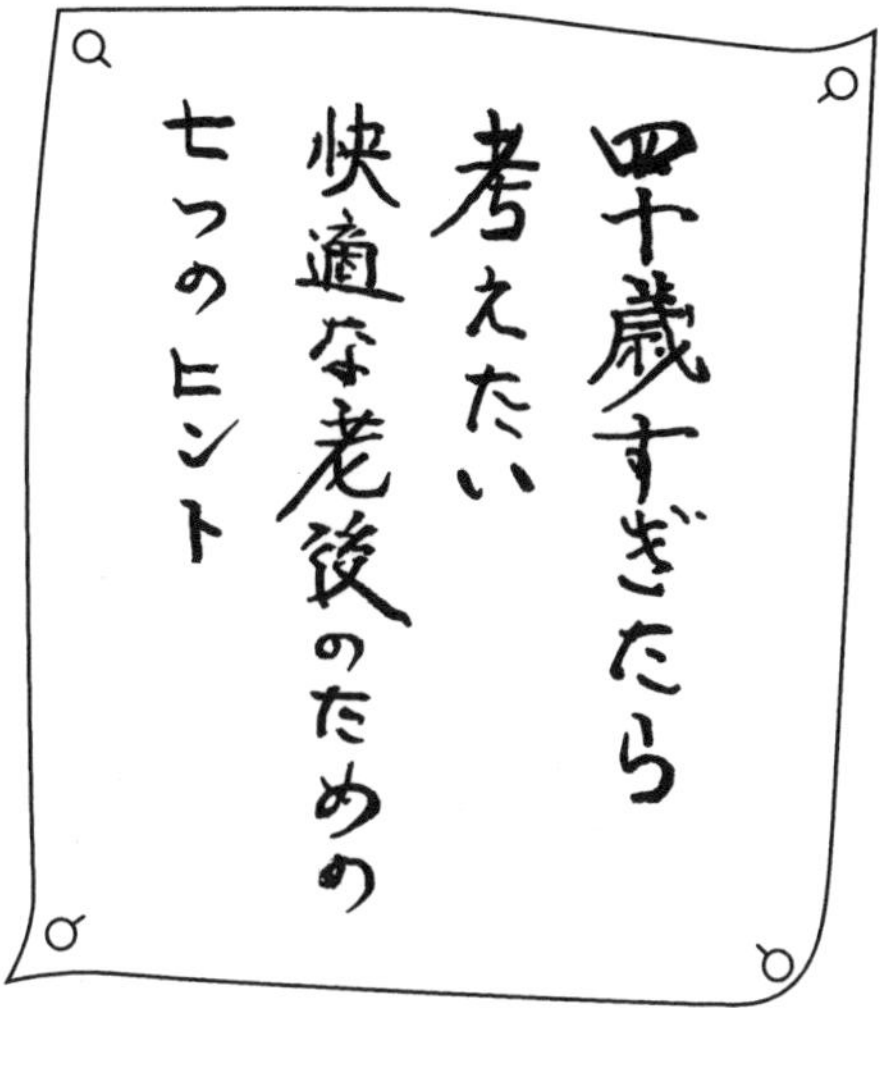

海鳥社

表紙カバー装画＝秋月シズカ
本扉装画＝秋月定良
本文イラスト＝入江千春

はじめに——四〇歳をすぎたあなたへ

福祉先進国のオーストラリアには、図書館、プール、ジム、ショッピングセンター、レストランが完備した高齢者向けのリタイヤメント・ビレッジが数多く点在します。医療や福祉のシステムも充実した美しく快適な場所です。一四年前に、弟が西オーストラリア州の州都パースに住むようになり、私がその地を訪れるたびに感じたのは高齢者の活動的な生活でした。

日本政府も、高齢者人口が世界一のスピードで増えているために、本格的に高齢者政策に取り組み始めました。しかし、政策がどのように進んでも、日本では、個人の準備なしに歳を重ねるのは無謀なように思えます。

私もオーストラリアで見たような活き活きした高齢者になりたいと思い、参考書を探しました。快適な老後に必要なものが四つあるといわれています。

一、生きがい
二、人間関係
三、健康
四、お金

それらの内容を求めて参考になる本を探しました。書店では内容による分類で、「人生」「心理学」「家庭生活」「健康」「経済」とそれぞれのコーナーごとに分散しています。私は、同じような悩みを持つ人のために、一冊で不安解消のヒントになる本があればいいと思い始めました。

様々な本を読み進める中で、秋月オフィスで実施しているコミュニケーションや自己啓発の研修内容が、快適な老後生活の「生きがい、人間関係」に役立つことに気がつきました。秋月オフィスは「いい仕事はいい人生に繋がる」をテーマに研修を実施しています。講師の小山と野元に意見を聞きました。仕事仲間でもあり、かけがえのない友人でもある二人も同意見で意を強くしました。「健康、お金」に関しては、仕事を通じて交流のある先生方の力を借りれば、一冊で快適な老後へのヒントを得られる本ができると思いました。

老後に不安を持つようになったきっかけは、一九九六年より疑似老人体験のプログラムを学んだことです。企業研修のカリキュラムに、体験プログラムとして取り入れるためのものでした。

インストラクターとして教えるために、まず自分が疑似老人の体験をしました。視野が狭く白内障の状態になるゴーグルをつけ、両手足に五キロの重しと、関節を曲がりにくくするためのサポーターを装着し、握力の低下を感じるゴム手袋を二枚つけて七五歳になりました。そして杖を持ち、ショッピングセンターに買い物に出ました。

ゴーグルのため周囲は黄色の靄がかかったようにぼんやりとしか見えません。階段は下りるのが怖く、やっとのことで踏み出した足は重く、まるでスローモーション映画のようなスピードでしか動けません。一〇〇円ショップで買い物するために、ゴム手袋をしたままやっとの思いで開けた財布の中は、一〇円か一〇〇円かの見分けがつきません。

初日は、わずか一時間程度の体験でしたが、ホテルに戻り疲れのため泥のように寝てしまいました。仕事の一環として、高齢者の気持ちや身体の変化を学ぶために始めたこの体験は、期せずして、いずれ私も高齢者になることを意識させられるものになりました。身体の老化と孤独感、自信や尊厳までも失ってしまいそうな老後を想像しました。それまで予想しなかった世界に向かうには、あまりにも無防備な自分がいました。

そしてその後、私がしたことは、貯金をおろして高齢（当時六九歳と七二歳）の両親を、弟とその家族が住んでいるオーストラリアに連れて行くことでした。「孝行したい時に親はなし」とはよく聞く言葉ですが、「連れて行ってあげればよかった、と後悔したくない」と思っての行動でした。

二〇〇〇年八月から二〇〇一年二月までの七カ月間に、二〇代から五五歳までの一〇一〇名がこの疑似老人の体験をしました。JR九州がサービス向上のため、車掌さん全員に実施した研修で、目的は高齢のお客様への対応を学ぶものでした。しかし、アンケートを拝見しますと、私と同様、自分の老後を意識し、歳の取り方（考えや行動）を変えなくてはいけないと感じた方が多くいらっしゃいました。高齢者体験をしたことで、自分の老後に不安を感じたのです。

一方、私たちの周囲には、元気で活き活きと、生活を楽しんでいる高齢者もいらっしゃいます。この元気な高齢者と、一〇一〇名の疑似老人体験者が感じた不安や、老後に備えて必要と感じた行動の間に、何があるかを考えれば、私たちが、活き活きとした高齢者になる法則がわかってくるように思えました。

「楽しい老後」に向けて、私なりの七つの法則を考えました。その七つとは次のようになりました。

第一章　歳を重ねることと向き合う
第二章　幸せな老後へのスタート
第三章　楽しい老後をイメージする
第四章　人間関係を豊かにする
第五章　からだと会話する
第六章　老後の生活資金を考える
第七章　生きるエネルギーを見つけよう

「第五章　からだと会話する」と「第六章　老後の生活資金を考える」は、友人でもあり、仕事仲間でもある「スタジオ・パラディソ」を主宰なさっている森山英子さんと、ファイナンシャルプランナーの服部美江子さんにお手伝いいただきました。お二人の快い協力で、私の考える法則がまとまりました。

この本の利用の仕方

ふと、自分の老後を考えた時に、「第一章　歳を重ねることと向き合う」と「第七章　生きるエネルギーを見つけよう」をお読みいただくだけでも結構です。

そして人間関係でお悩みの方は、「第四章　人間関係を豊かにする」、健康やお金の不安のある方は、「第五章　からだと会話する」「第六章　老後の生活資金を考える」のそれぞれの章をお読みくださっても、何らかのヒントになると存じます。

「第一章　歳を重ねることと向き合う」をお読みになり、真剣に老後と向き合おうと決心された方は、少し難しいと思われるかもしれませんが、「第二章　幸せな老後へのスタート」「第三章　楽しい老後をイメージする」に挑戦なさってください。

私が行う企業研修においても、「実感があり役に立つ参加型」を念頭にカリキュラムを組んできました。この本にも、自己啓発の研修で使用しているワークシートを入れました。皆様が、ワークシートに書き込みながら、自分の人生を見つめ直し、考え、他の誰でもないご自分の、豊かな老後への備えを発見していただければと思っています。また「Q」は私からの問いかけです。提出をして評価をするわけではありませんが、答えてみてください。

歳を取らなくてすむとすれば、誰もがそう望むでしょうが、残念ながらそうはいきません。確実に訪れる老後に積極的に備えて、活き活きとした高齢者になる法則を一緒に考えてみませんか？　幸せな老後とは、決して年金の額や財産、肩書きや寿命の長さだけで決まるものではありません。

私と同じように老後に不安を持っている、四〇歳をすぎた方々が、豊かな老後への備えを発見する一助としてお読みいただければ幸いです。

二〇〇二年一月一八日

秋月枝利子

快適な老後をすごすための7つのヒント◉目次

第1章
歳を重ねることと向き合う

「老いる」という現実を
自分のこととして受けとめ、想像すると
今までと違ったことが見えてくる。
「老いる」ことに積極的に向き合う考え方が、
老後を変える。
マイナスイメージの「老い」を
前向きに受けとめるためには、
言葉や態度を前向きにするトレーニングが効果的。

幸せの法則はあるの

感じ方は様々

「ダンサー」という映画でこんなシーンがありました。インディアは黒人のダンサーで、兄のジャスパーと暮らしています。インディアは口がきけないハンディを持っています。

ある日ジャスパーが、黒人であることから差別を受け、食肉工場を解雇されてしまいます。インディアはダンサーのオーディションを受けたのですが、コミュニケーションが取りにくいことを理由に落とされ、おまけに地下鉄の料金を故意にごまかされたりして散々な気分です。二人とも黒人だからこそ受ける仕打ちとわかっているのですが、そんな一日を終えて二人は家に帰ります。

最悪の気分そのままの、しかめ面の兄ジャスパーが、ほほえんでいるインディアに、

「なぜほほえんでいる?」と尋ねます。

「最悪だったから」と手話で応えるインディア。

同じ最悪の気分なのに、ほほえんでいることに合点がいかず、ジャスパーはしばらく考え、

「これ以上に悪い日はもうないってこと?」と、尋ねます。

インディアは、またもやほほえみでうなずきます。

インディアのほほえみの意味に気づき、ジャスパーは穏やかな表情になります。


口がきけなくても耳と身体で音楽を感じそれをダンスで表現できるインディア。彼女のダンスの素晴らしさに感動したコンピュータの研究者が、インディアのダンスを音楽にするステージを発明し、観客に大歓声を受けるラストシーンはいかにもアメリカンドリームらしいハッピーエンドでした。

この映画もそうですが、映画の評を週刊誌などで見ましても、ある評論家は絶賛しているのに、別の評論家は酷評して、評論家により評価が一八〇度違うことがあります。

雨が降っても、「いやーね」という人と、「これで、今年は水不足の心配をしなくていい」と思う人。

友人知人の病気見舞いをしても、不安や心配を顕わにしている人と「この際、休養させていただきます。日頃読みたかった本を読むわ」と反対に見舞い客を励ます病人もいます。

自分に非がない交通事故に遭った時も、「なぜ私がこのような目に遭うの?」と怒りを顕わにする人と「命が助かってよかった」と感謝している人。

研修のアンケートも同様で、同じ場所で同じ講師の研修に参加して、「感動しました。あっという間の時間でした」と書く人と、「長い時間に感じた」と反対のことを書く人がいるのです。

本当に感じ方は様々だと感心します。同じ体験をしても、同じシーンを見ても感じ方は人の数あるということでしょう。人間はどのような考えや感情も持つ自由があります。しかし、幸せな老後を迎えるには、そのための考えや感情の法則があるように思います。

疑似老人体験で得たもの

七年前、初めて疑似老人体験の研修を博多駅で実施した時、インストラクターを中心に、建設業やトータルコーディネーターなどの様々な職業の参加者の中に、ＪＲ九州の遠藤理恵さんがいました。彼女は当時、ＪＲ九州の本社車掌担当の社員でした。いつも大きな声で挨拶する明るい元気な女性です。その元気な遠藤さんの体験終了後の感想は、「駅の商店街で、お店の人と話をしている時、私の言葉を何度も聞き返されました。どうしてかと考えたら、いつの間にか私の声は小さくなっていたのが原因でした。思うように動けないもどかしさが自信のなさになり、声が小さくなっていたようです」というものでした。

疑似老人体験をすると、思いがけない身体の不自由さからくる不安感、恐怖感、孤独感、焦燥感から自信を失います。遠藤さんのように明るく元気な人も例外ではなかったのです。

あなたは、老人に対してどのようなイメージを持っていますか。また老人になった時の自分を想像したことはありますか。イギリスの病院で、亡くなった女性の遺品の中にあった詩を紹介しましょう。

何が見えるの、看護婦さん、あなたには何が見えるの
あなたが私を見る時、こう思っているでしょう
気難しいおばあさん、利口じゃないし、日常生活もおぼつかなく
目をうつろにさまよわせて
食べ物をぼろぼろこぼし、返事もしない

あなたが、大声で「お願いだからやってみて」と言っても
あなたのしていることに気づかないようで
いつもいつも靴下や靴をなくしてばかりいる
おもしろいのかおもしろくないのか
あなたのいいなりになっている
長い一日を埋めるためにお風呂を使ったり食事をしたり
これがあなたの考えていること、あなたが見ていることではありませんか
でも目をあけてごらんなさい、看護婦さん、あなたは私を見てはいないのですよ

私が誰なのかお教えてあげましょう、ここにじっと座っている私が
あなたの意志で食べている私が誰なのか

私は一〇歳の子どもでした。父がいて、母がいて
兄弟、姉妹がいて、皆お互いに愛し合っていました
一六歳の少女は足に羽を付けて
もうすぐ恋人に逢えることを夢見ていました
二〇歳でもう花嫁。私の心は躍っていました
守ると約束した誓いを胸に刻んで
二五歳で私は子どもを産みました
その子は私に安全で幸福な家庭を求めたの
三〇歳、子どもはみるみる大きくなる
永遠に続くはずの絆で親子は互いに結ばれて
四〇歳、息子は成長し、行ってしまった
でも夫はそばにいて、私が悲しまないように見守ってくれました
五〇歳、もう一人赤ん坊が膝の上で遊びました
私の愛する夫と私は再び子どもに逢ったのです
暗い日々が訪れました。夫が死んだのです

先のことを考え——不安で震えました
息子たちは皆自分の子どもを育てている最中でしたから
それで私は、過ごしてきた年月と愛のことを考えました
今私はおばあさんになりました。自然の女神は残酷です
老人をまるでばかのように見せるのは、自然の女神の悪い冗談
身体はぼろぼろ、優美さも気力も失せ
かつて心があったところには今では石ころがあるだけ
でもこの古ぼけた残骸にはまだ少女が住んでいて
何度も何度も私の使い古しの心を膨らます
私は喜びを想い出し、苦しみを想い出す
そして人生を愛して生き直す
年月はあまりにも短すぎ、あまりに速く過ぎてしまったと私は思うの
そして何物も永遠ではないという厳しい現実を受け入れるのです

だから目を開けてよ看護婦さん——目を開けて見てください
気難しいおばあさんではなくて、「私」をもっとよく見て！

（『変装　私は三年間老人だった』パット・ムーア著）

この詩は、私たちが、「のろま、頑固、忘れやすい、汚い」と思っている高齢者の声かもしれません。そして、歳を取らない人はいないのですから、未来の私たちも彼女と同じ気持ちになる可能性もあります。誰でも、いずれは必ず感じるであろう、歳を重ねることによるこの感情を理解して、このことに積極的に向き合わねば、「幸せな老後」は迎えられないように思えます。それは、「なってみなければわからない」ではなく、「老いるという現実を自分のこととして受けとめ、自分の老後を想像する」ことから始まります。一緒に幸せの法則探しをスタートしましょう。

私の「快適な老後」を考える

考えることを考える

「人間は自然界の中でもっとも弱い葦《あし》にすぎない。だが、考える葦である」といったのはギリシャの哲学者のプラトンですが、ある時、私たちが考える習慣を忘れていることに気づきました。

図書館でも、自分で本を探す（考える）のではなく、「この課題の答えが書いてある本を探して欲しい」と答えを求める大学生が相次いで、司書の方が困っていると聞きました。研修実施中も、若い方だけではなく、中年も高齢者までもが、「正解は何ですか？」とすぐ答えを求めたがる傾向があります。人ごとのように言っている私自身も、「答えは一体何？」と求めている自分に気づくことがあります。

考える技術（Thinking skill）も人間の大きな能力の一つです。与えられた環境の中で、様々な出来事をどのように考えて受けとめるかが、その人の人生（行動や感情）を決めると思います。他人の脳に

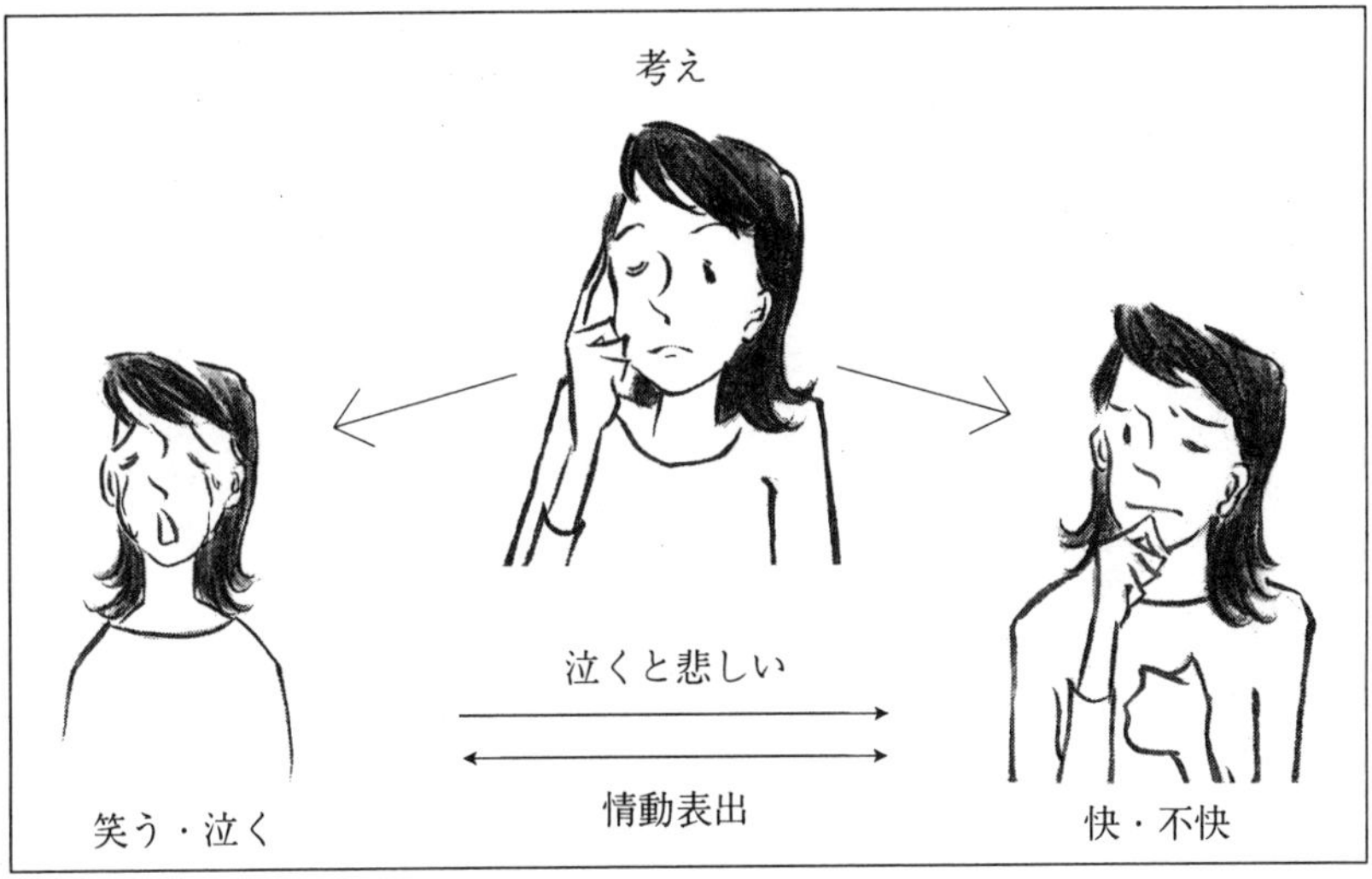

頼るのでなく、自分の頭で考え、答えを探す過程をもっと大切にしたいものです。

自分はどうありたいか

今一度、「幸せな老後＝私の人生を考えること」を考えてみませんか？

感情（怒りや悲しみ、喜び）を、そのまま態度や行動に出すことを情動表出（怒りをぶつける、泣く、笑う）といいます。一方、「悲しいから泣くのではなく、泣いているから悲しいのだ」という言葉もあり、態度や行動で人間の感情が変化することもあります。

しかし、人間が考える葦であるなら、感情や、行動を動かしているのはその人の考え方に他ならないといえます。

何かあった時、たとえば「定年」をその出来事にあてはめてください。そのことに関しての考え方や、受けとめ方がその人の感情や行動を支配するといっても過言ではありません。

ある現象を「よい現象」と受けとめれば、感情は「快」

になりますし、行動は積極的になります。

反対に「悪い現象」と受けとめれば、感情は「不快」になりますし、行動は前向きには動かずに、もし行動したとしても明るさや元気さが欠けるでしょう。

私たちは一つの人生しか生きることができません。生き方に関しての答えは人間の数だけあり、かりに正解があっても、その通りに生きることは難しいのです。それよりも、「自分がどうありたいか、どうあれば幸せか?」と考えることの方が、とても重要に思えます。

しかし、現実は、日常生活や仕事を優先していて、考えることを先送りしているのです。何も考えずに、「不快感情」のまま行動を続ければ不快感は増える一方でしょう。

自分の「老後のありたい状態」を考え、感情や行動をどのように持てばよいかを考えてみましょう。

マイナスの状態も大切

失敗や逆境などのマイナスの状態も、考え次第でプラスになります。「私は運がよい」という人は、例外なくマイナスの状態をプラスにとらえた人です。マイナスの体験・経験も、人生には必要です。

マイナス体験をプラス思考でとらえる

受け入れがたい現実──→なぜこのような現実になったかを冷静に分析し、経験として活かす
自分に自信が持てない──→自分を謙虚に見つめ直し、反省する
どうしてもあの人が許せない──→様々な人がいて成り立っている社会を理解して受け入れる

前に進む気にならない——→エネルギーが不足しているので充電する必要がある

ある会社の研修を終えて、M取締役所長と担当の方々と新幹線の時間までの短い会食をした折のこと、M所長と「プラス思考」の話題になりました。笑い声も大きく、人柄も気さくで話の内容をお聞きしていても、とても大らか、いわゆる典型的なプラス思考タイプの方に見受けられる所長が、「プラス思考がよいのはわかっているのですが、難しい時もありますよね」と真面目な表情でおっしゃいました。

グループ会社の社員が数万人もいて、数百名の部下をお持ちの方がおっしゃるだけに、なぜそのように言われたのか理由はわからなくても、その言葉に重みを感じました。理不尽な状況や、よかれと思っても思い通りにならないことが人生の中で起きることは想像できます。

プラス思考がよいとはわかっていても、そのようにできない時の感情は、誰にでも経験があることでしょう。もし、そのような境遇に今あると感じている人は、無理に明るくすることはありません。もし、無理やりに明るく振る舞いえば、そのつけが必ず返ってきます。

また、反対に順風万帆の今の人生があたり前と思っている方や（滅多にいらっしゃらないと思いますが）、何が起こっても「今が楽しければよい」と、考えることをしないで生きて人がいるとすれば、謙虚に「いつまでも続かない」と反省するマイナス思考も必要でしょう。

プラス思考のメリット

マイナス体験を避けられないとすれば、プラス思考（陽性思考、陽転思考、ポジティブ、前向きな考え）になるメリットを考えてみましょう。

物事をよい方に解釈する→心配や不安など、自分を消耗するマイナスのエネルギーを使わなくてよい

自分を肯定的に見る→自分を信じることができ、自分を元気にするプラスのエネルギーが湧く

相手を肯定的に見る→相手の長所が見えてくる。感謝を感じる

物事を建設的な角度で見直す→潜在的な可能性を見つける

物事を前向きに考える→現状から前に一歩進める

前向きな考え方を「暗い夜道のヘッドライト」と称した人がいます。夜道に留まるならばライトは不要ですが、進む時はライトが必要です。前進をしたい時には、前向きな考えが欠かせません。

一本の木にたとえるならば、前向きの態度や考え方は地上の樹や花、そして果実で、マイナスの体験は樹の根っこです。しっかりした根がなければ、どれだけ美しい花やおいしい果実が実ったとしても、ちょっとした風で倒れてしまいます。

よく不幸の数だけ人に優しくなれると言いますが、マイナスの体験をしたからこそ人の不幸や痛みが理解でき、優しくなれるのだと思えます。また同じように、マイナスの感情を理解し、想像できるから、文芸小説や映画、音楽などの芸術作品が生まれるのでしょう。

マイナスの体験が人間を深く強く優しくするのです。楽しい老後、幸せな老後を目指すとすれば、私

たちのマイナス体験もプラスに変える努力をしましょう。木に根っこと地上の幹があってこそバランスが取れるように、人にもプラスとマイナスがあってこそバランスが取れるのです。

そして、一歩踏み出す時は、前向きにとらえて行動することが必要になります。

なぜならば私たち謙虚な日本人は、マイナスの方に片寄る傾向があるからです。根だけが拡大して人生を台なしにすることだけは避けたいものです。では、楽しい老後のため第一の法則である、「前向きに、歳を重ねることと向き合う」ためのレッスンに挑戦しましょう。

言霊を使う

一つの言葉で

「言霊」とは、その言葉が自分を変えたり、人を動かしたりする「言葉の持つ不思議な力」を意味する古くからある日本語です。「言霊という言葉をご存じですか？」とお尋ねして、手を挙げてくださるのは三〇人に一人か二人。「サザン・オールスターズの『愛の言霊』という曲をご存じの方」とお尋ねすると、今度は四、五名の方が挙手されます。

私たちが行います研修では、よりよいコミュニケーションや接客のためのカリキュラムの一つとして言霊について勉強します。誰でも「忘れられない、あの一言」をお持ちでしょう。その一言で元気づけられたとか、励まされたなどのよい言葉もあれば、やる気をなくしたり、傷ついてしまう言葉もあります。

あるお寺の門前に、こんな言葉が掲げてありました。

　　ひとつの言葉で

ひとつの言葉でけんかして　ひとつの言葉で仲なおり
ひとつの言葉でおじぎして　ひとつの言葉で泣かされた
ひとつの言葉でそれぞれに　ひとつの心を持っている

時折、お聞きするのは、「孫でもない人からおばあちゃん、なんて言われたくない」という高齢者の言葉です。

優秀な接客スタッフはお客様を指して、「太っている方」とは絶対に言いません。「貫禄がある（男性）・ふくよか（女性）・健康的（若者）」と表現します。また、形容詞を二つ並べる時に、後の言葉を誉め言葉にする「後誉め」もそんな配慮の一つといえます。

「清潔だけれど狭い部屋」、あるいは「狭いけれども清潔な部屋」。または「美人だけれども、冷たい感じの人」と「冷たい感じだけれども、美人」のどちらが、評している人の好意を感じますか。同じ言葉を発しても、誉める言葉を後にすることで印象がよくなってきます。

態度を変えれば言葉の力も変わる

口調や態度によっても印象は変わります。接客を受ける際に、「ありがたくなさそう」な「ありがとうございます」を言われたことはありませんか？

病気のために六カ月間病院通いをしたことがあります。その時、通院を一日さぼった私に対して、婦長さんから「おばかさんね」と叱られてうれしかった記憶があります。「ありがとうございます」と言われて、不快に感じ、「おばかさんね」と言われてうれしく感じるのはなぜでしょうか。

このようなコミュニケーションに関して興味深い研究を、スタンフォード大学のアルバート・メラビアン名誉教授が発表しています。名誉教授によりますと、挨拶の時に相手に与える印象を一〇〇％としますと、言葉の割合はわずか七％、話すスピードや間などの音声言語（＝Para language）の与える印象の割合は三八％、そして身だしなみや、態度、表情（身体言語＝Body language）などが五五％になります。

婦長の「おばかさん」という言葉をうれしく感じたのも、言葉に健康に対する配慮や愛情が表現されていたからです。このように言霊とは、言葉を発する人の人柄や感情が、言葉や口調そして、表情、態度に表れて、相手に影響を与えるものなのです。

言葉と声や口調、表情や態度が一つになって言霊は力を発揮します。その言霊はマイナスの作用もプラスの作用も、強弱もあります。言われた時はあまり感じなかったけれども、漢方薬のように後になってじわーっと作用する言霊もあります。

言葉の力が変わると、発した人や受けとめた人の印象が変わり、感情が変わります。感情が変わると行動が変わるのが言霊の力なのです。

「よりよいものを他社と差別化して打ち出す」をコンセプトに素材と博多の伝統文化にこだわり、博多ならではの菓子を博多でしか販売しない、「明月堂」の秋丸純一郎営業部長から教えていただいた詩を紹介します。

言霊、その一言で

その一言で　励まされ
その一言で　夢を持ち
その一言で　立ち上がり
その一言で　腹が立ち
その一言で　泣かされる
ほんのわずかな一言で
不思議に大きな力を持つ
ほんのちょっとの一言で

秋丸営業部長はこの詩を、尊敬している神戸の洋菓子店「ケーキハウスツマガリ」のオーナーシェフ津曲孝さんから教えていただいたそうです。「ケーキハウスツマガリ」は洋菓子業界では知らない人がいない名店ですが、お菓子の美味しさの背景に、真心や哲学があることがうかがえます。

先日、カステラの名店である明月堂において、言葉遣い（言霊）に関しての研修を実施しました。「以前の私だったら、『単純な詞』としか思わなかったでしょうが、研修の最後に読まれた、言霊の詩に鳥肌が立つほど感動しました」とアンケートにお書きになっている方がいました。単純なことの大切さをご理解いただき、うれしく思いました。

マイナス表現をプラスに変える

ある調査によると、私たちは無意識にマイナス表現の言葉を一日に二〇〇回も口にしているそうです。その言葉を意識してプラス表現にしてみましょう。

言葉を変えると意味も変わって来ます。結婚式のスピーチを頼まれる時には、欠点ばかりと思っている人も誉めなければいけません。

Q　いつも「生意気な部下」と思っている人であったら、何と誉めますか?

A　「生意気」――→

この言葉の置き換えの練習を始めると、今までと違う考え方ができるようになります。

研修で、受講者にチャレンジシート1に記入していただく時、なかなか言葉が出てこない人がいます。「誰かをイメージしていませんか」と言いますと、思いあたる人が多いようで必ず笑いが起きます。

たとえば、「ケチ=A経理部長」とイメージしてしまうと、固定したイメージを変えるのは困難で、それ以外の言葉は浮かびにくく、言葉の置き換えはかえって難しくなります。この場合は、イメージする人を忘れて、まずは言葉だけの置き換えをします。その後に、次のステップとしてその言葉をイメージする人にあてはめてみます。そうすると、今まで見えてなかった(見なかった)彼(彼女)の長所が見えてきます。

単なる言葉遊びではなく、「自分が嫌になった時、身近な誰かが嫌いでたまらない時、ある人を誉めなければならない時、前に進むパワーが必要な時」のためにチャレンジしてみてください。

歳を重ねると、外出や人づきあいがおっくうになりがちです。そのような気分になった時、プラス表現はきっと役立つことでしょう。

態度だけでも前向きにする

前向きな態度とは

言葉の置き換えが苦手と感じた方は、態度だけでも前向きにしてみましょう。

私たち大人は、かりに好意を持っていない人であっても、今後の仕事や社会生活に影響が出そうな場合（特に自分の利害に関わる場合）、感情を抑えて（そのままで）、一応の付き合いはできます。

しかし、考えや感情は微妙に態度に出てしまいます、しかしそれは相手も同じです。相手の態度を注意深く観察すれば、感情をうかがうことも不可能ではありません。相手の感情の動きに応じて、自分の言葉や態度を前向きに変えることができれば、相手が変わる可能性もあり得るのです。

昨年度の新入社員に、二日間の研修中の態度が前向きで素晴らしいTさんがいました。背筋をスッと伸ばして座り、両手を軽く握って腿の上におき、その手はメモを取る以外動きませんでした。休憩時間の様子も、他の人に対する思いやりや親しみ、上司や先輩に対する敬意が自然に表現されていました。

チャレンジシート　1　プラス表現のレッスン

空白を埋めてみてください。

マイナス表現	⇔	**プラス表現**
①やせている	⇔	スマート、スリム
②小心	⇔	
③けち	⇔	
④生意気	⇔	
⑤行動力のない人	⇔	
⑥乱暴な人	⇔	
⑦嫌な人	⇔	
⑧最悪の日	⇔	
⑨思い通りに進まない	⇔	
⑩気が合わない	⇔	
⑪老化	⇔	
⑫集中力がない	⇔	
⑬暗い	⇔	
⑭のろま	⇔	
⑮スランプ	⇔	

チャレンジシート　2

老後に向かって、前向きに行動するためのレッスン

まず、前向きなよい方に解釈した言葉に置き換える

↓

現状にあてはめてみる

↓

プラスの要素や可能性もあることに気付く

↓

前向きな行動を一歩踏み出す

あなたが使うマイナス表現⇒プラス表現にしてみましょう。

⇒

⇒

あなたが今一番気になる嫌な人を何と思っていますか？　言い換えてみましょう。

⇒

あなたが今一番不快に感じる現状を言い換えてみましょう。

⇒

⇒

最近の若い方は無表情の方が多いのですが、穏やかな顔つきで相づちを打ち、決して嫌な顔を見せずに、心が動いた時には驚きや笑い顔を見せるTさんに感動しました。一八歳のTさんですが、前向きな思いやりのある態度は「きっと幸せな人生をすごせる人」と思わせました。

商店主である私の友人は「不景気な時こそ、明るい接客をしないと益々客足が遠のきます」と言っていました。誰でも買い物をするならば、お葬式のような雰囲気のお店より、活気のあるお店がよいに決まっています。商店街やショッピングセンターなどの接遇研修を実施する機会が多くありますが、笑顔の素敵なスタッフがいらっしゃるお店は売上成績がよいことを、業績も証明しています。

創業五〇年を迎えた婦人服専門店オリンピック商事には、笑顔の素敵なスタッフがたくさんいらっしゃいます。残念ながら定年退職された西原昭子店長の笑顔は、思わず身体がお店に引き込まれるような磁力がありました。その笑顔を引き継ぐのが、岡本悦子店長と愛弟子である高橋香織さんと西崎いつみさんです。元気いっぱいの笑顔で、二〇〇一年度の接客コンテストにチャレンジした二人が好成績を獲得したのも、この笑顔の力によるところが多いのはいうまでもありません。

オリンピック商事を創立した、先代の杉原一志社長の七回忌パーティには、熱心に活動されていたライオンズクラブや天神町の再開発の仲間、二〇〇名が集いました。お集まりになった方々が口々に「会長のあたたかい笑顔を思い出す」と言われたのも印象的で、七回忌に親族でない人が二〇〇名集うのも、笑顔のパワーと思えました。その笑顔パワーは二代目の杉原茂之社長に継承され、二〇〇二年度四月新装オープンの西新店に生かされています。幸運の女神も元気や活気のある人に、ほほえみやすいと思います。前向きな態度は周りの人を変えて、次の展開をよい方向に変えていく力があると思いませんか？

前向きな態度とは、背筋がすーっと伸びている
目線は一五度ほど上を見て、サッサ、テキパキと行動する
笑顔（笑う時は声を出す）
「はい」と返事などの反応をする
声はハッキリ出す
他人の意見を積極的に聞く

ある時、精神科の医師山田貞一先生の『もっとアバウトに生きてみないか』、というストレスについての本を読んでいました。本の最終章に「ストレスに強くなる一〇カ条」とあり、その内容に驚きました。日頃、好印象の態度として、接客トレーニングで伝えている前向きな態度と同じだったからです。心と行動・態度は、相互に影響し合っていると知り、接遇研修の意味深さを感じました。

笑顔に挑戦しましょう

表情が、相手に与える印象は大変大きいものです。表情には感情がないように見える「無表情」、不快感情を表す「しかめ面」、同じ笑いでもにこやかな「ほほえみ」、「笑顔」「大笑い」もあれば人を馬鹿にした「せせら笑い」や、真心のない「お世辞笑い」や「つくり笑い」、など様々あります。

欧米人から見ると、日本人の表情のイメージは、能面のような無表情か、あるいは大笑いだそうです。ようするに、その中間にあたる周囲の人を居心地よく安心させるほほえみが苦手なのです。ここでは、

思いやりの表情である「ほほえみ」を身につけたいと思います。金さん銀さんを始めとして、海外でも長寿の方は例外なくよい笑顔をお持ちです。

それでは、練習してみましょう。時間帯は朝晩の洗顔時間を中心に、鏡を見る時間を利用します。

笑顔の医学的効果を知る

ある時、目の疲れを取る眼筋の運動が笑顔の練習と同じことに気づきました。また、高齢者になり唾液が出にくくなる症状の回復運動が、口角と頬骨筋を動かす笑顔の練習と同じことを知りました。

「明るい患者は治りが早い」ということは医者の中では定説だったそうですが、世界中の医者が笑顔の効用の研究を始めた一つのきっかけは、アメリカの医療ジャーナリスト、ノーマン・カズンズが、医者より全快は五〇〇分の一の確立と宣告された、重症の膠原病《こうげんびょう》にかかったことです。

五〇〇人のうちの一人になろうと決心したカズンズは、主治医の協力を得て、笑いとビタミンCの大量投与で病を克服し、その体験を医療情報誌に発表しました。

その時、ノーマン・カズンズは、痛みで身動きできない身体を横たえた病室に映写機を持ち込み、白い天井に「ドッキリカメラ」などを映して思いきり笑ったそうです。一〇分お腹を抱えて笑うと、二時間痛みを忘れて眠れる効き目があったとカズンズは言っています。

不思議なことに膠原病は完治し、その後骨折した時にも、驚くべきスピードで治癒しています。一見非科学的に思えるカズンズのレポートに対して、世界中の医者から三〇〇〇通の肯定的な手紙が寄せられたそうです。

チャレンジシート　3

活き活きとした豊かな表情には、顔の目元と口と頬の筋肉を柔らかくすることが必要です。

1、朝夕のうがいを利用して口元と頬の筋肉を柔らかくしましょう

ア　頬の筋肉を意識して、ゆっくりうがいをする

イ　水を吐き、次に、口の筋肉を意識して、大きく口を開けてゆっくりアイウエオと言う

ウ　「ウイ、ウイ、ウイ」と繰り返す。「ウ」と口を突き出した後、頬骨の筋肉を意識して引き上げて「イー」と言ってみましょう。

左右の口角をキュッと上に持ち上げ、弧を描いた、イーの形が笑顔の口の形です。お酒が好きな人は「ウィスキー」、紅茶が好きな人は「アイスミルクティー」、焼肉が好きな人は「キムチー、ラッキー」でもいいのです。間違っても「チーズ」の時は「イー」で止めて「ズ」まで言わないことです。ズーの口元では笑顔になりません。

2、ほほえみに重要なのは目元（眼は心の窓）

眼の周囲の筋肉を柔らかくするには、眼をギューッと閉じて、ゆっくり1、2、3、4、5と数えた後、突然パーッと開けます。何度か繰り返した後に、優しい（かわいい赤ちゃんと笑い合っている目）目元でニコッとほほえんでみましょう。

ほほえむ余裕がないことに気づいた時は、深く息を吸って、ゆっくりと3回深呼吸をしてみてください。余裕を取り戻すことができるでしょう。

ほほえみを身につけるために、洗面所だけでなく机やパソコン、冷蔵庫など、よくいる場所の目線の位置に鏡をおき、自分の顔に、にっこりほほえんでみましょう。

笑顔が果たす10の役割

1、笑顔はあなたの愛情を相手に伝えるもっとも近道のものである。
2、笑いは伝染性を持っている。だからあなたの笑いが相手の笑いや快感を誘発する。
3、笑いは2人を隔てる厚い壁を容易に取り除き、心の扉を開く。
4、笑顔は信頼関係を築く第一歩であり、心の友をつくる。
5、笑いのないところに成果のある仕事はない。
6、笑顔は悲しみや不安を取り除き、また難局を開く。
7、多くの笑顔を自分のものにすれば、それが逆に相手の心の状態を知る手がかりとなり、相手の笑顔が何を意味するかを洞察することができる。
8、赤ちゃんの笑顔に近い顔がもっとも美しい。
9、笑顔は自分のコンプレックスを取り除き、自分の足りないところを十分に補う。
10、笑顔は健康の増進と活動力を増す。
(日本一の生命保険のセールスマンといわれた原口一平氏の講演から)

社会心理学の上の笑顔の持つ7つの特徴

1、生得性……生まれ持った表出行動であること。
2、国際性……世界中の受け手に、共通に理解されるという国際性を持つということ。
3、肯定性……受け手に肯定的に受け入れられるということ。
4、返礼性……スマイルにはスマイルによる返礼を呼び起こす。
5、記憶性……スマイルは受け手に記憶されやすいということ。
6、弛緩性……スマイルは暖かく、リラックス、おおらかな人物として評価されやすいということ。
7、女性表出性……男性の送り手よりも、女性の送り手の方がスマイルを多く表出していること。

日本では、岡山の伊丹仁朗先生がガン患者を対象に笑顔療法を実施し、その結果を学会で発表しています。その研究内容を簡単に紹介いたしますと、ガン患者の方々を「なんばグランド花月」にお連れし、思いきり笑っていただき、その前後に採血した血液中のナチュラルキラー細胞の増減を調べるというものです。キラー細胞とは、私たちの体内に少なくとも五〇億以上存在して、毎日三〇〇〇から五〇〇〇個が発生するというガン細胞を探し出しては、攻撃して破壊してくれる細胞です。

研究の結果、笑いで三時間の間に増えたナチュラルキラー細胞は、何と薬での治療三日分の効果に匹敵したそうです。また伊丹先生は、実験の結果、つくり笑いでもナチュラルキラー細胞が増加することも発表されました。

カズンズは、「一言で言えば、笑いはよいことが起こりやすいようにその手助けをするものだ。明るい大きな点火剤です」とも言っています。現代の最先端の治療薬は、笑顔かもしれません。

熊本のある会社の営業所で笑顔をテーマに研修した折のことです。

受講者の中に、お嬢さんが膠原病になった方がいらっしゃいました。その方から、「笑いと治癒力に関する本のリスト」を求められ、すぐにＦＡＸでお送りして、一年後にまた研修でうかがった時にうれしいニュースをお聞きしました。

家族全員で笑顔療法を実施され、快復に向かわれていること、そして、このことがきっかけで、東京の大学にいったん入学されていたご子息が、熊本大学医学部に入学し直したというのです。

家族の愛情の素晴らしさと、熊本に、伊丹先生かアダムス・ハンターの二世が誕生する時が想像されて感激しました。研修終了後にお聞きしたのでよかったのですが、思わず涙眼になってしまいました。

治療効果のみならず、笑顔のすごいパワーを伝えるニュースが一九九二年五月の「西日本新聞」に掲載されていました。

「波が七メートルもある大しけや南極の氷と格闘する場面もあったが、とりあえず笑顔をつくるように努めると、怖さが大自然への感銘に変わり冷静になれた」

三年かけて一人きりのヨットで世界一周の航海を終えた城所《きどころ》千万《たてつむ》さんの言葉です。命を失うかもしれない自然の脅威への恐怖心を感銘に変えるパワーです。

笑顔の治癒効果に関するおすすめ本とビデオのリスト

アレン・クライン『笑いの治癒力』創元社
ノーマン・カズンズ『私は自力で心臓病を治した』角川選書
ノーマン・カズンズ『ヘッド・ファースト』春秋社
ノーマン・カズンズ『笑いと治癒力』岩波書店
伊丹仁朗『生きがい療法でガンに克つ』講談社
伊丹仁朗『ガンを退治するキラー細胞の秘密』講談社
パッチ・アダムス『パッチ・アダムスと夢の病院』主婦の友社
アメリカでピエロの姿をして子どものガン治療などを実施しているドクター、アダムス・ハンターを描いた映画、「パッチ・アダムス」。

「男は笑わない」の固定観念は時代遅れ

鹿児島県や熊本県の一部では、「男は半年に片頬」という言葉があります。意味は、半年に一回くらい片方の頬を少し動かして、ほほえむくらいが男らしいという意味です。

確かに、笑いには他人を軽蔑した「あざ笑い」や「嘲笑」、そして卑屈な「へつらい笑い」など好ましくない笑いもあります。このような笑いの共通点は他人も自分も尊重していないことです。

赤ちゃんの無邪気な笑顔は、どんな人も優しくする力があります。もし、自分の子どもがほほえまなければ、親は大変心配します。実際、三歳までニコリともほほえまない子どもであれば、一応脳神経の検査を受ける必要があるそうです。

私が不思議に思うのは笑わない子どものことは心配されるのに、笑わない大人は「あんな人」と言われて終わってしまうことです。子どもの時は笑っていたはずなのに、いつの間にかほほえみを忘れてしまった大人たちがいっぱいいるようです。

現代の社会では「男は度胸、女は愛嬌」ではなくて、男女笑顔機会均等だと思います。他人に媚びたり、へつらったりするのでなく、自分を持った素敵な笑顔は、男も女も実力の一つと思います。

ロータリークラブの仕事でお会いした、ある地方銀行のS会長は常磐津の趣味を持つ、とても素敵な笑顔の紳士です。その素敵な笑顔に「いつから、その笑顔を身につけられたのですか？」とつい質問をしました。

「現役で銀行業務の仕事をしていた頃は、お客様に『まるで、警察官のような厳格な表情の人』と言われていました。会長職に就き、第二の人生を楽しくすごしたいと思った時に、この厳格な表情ですごすのは寂しいと思い、それからはできるだけ、笑顔でいようと心がけました」と答えられました。
高齢になるほど笑顔が必要で、そして、いくつになっても人は変われることを知った、忘れられない話です。研修でご紹介する素敵な笑顔の詩をご紹介します。

クリスマスの笑顔

原価はゼロ　しかし利益は莫大
どんなに与えたとしても減らず
与えられた者は豊かになる
一瞬の微笑が　その記憶に
永久に残ることさえある
どんな金持ちも　これなしでは暮らせない
どんなに貧しくても　これによって豊かになる
家庭に幸福を
商売に善意をもたらす
友情の合言葉
疲れた人にとっては　休養を与え
落ち込んだ人を勇気づけ

悲しむ人にとっては太陽となる
悩める人にとっては　自然の解毒剤となる
どんなにお金があっても　誰も買い取ることができない
強要することも　借りることも　盗むこともできない
無償で与えて　初めて値打ちが出る
クリスマスセールで疲れきった店員のうち
これをお見せしない者がございました折は
恐れ入りますが
お客様のものをお見せ願いたいと存じます
笑顔を使いきった人間ほど
笑顔を必要とするものはございません

（デール・カーネギー『人を動かす』より）

プラス思考は伝染する

伊丹仁朗先生がこんな実験を行われました。

「なんばグランド花月」で録音した笑い声の陰に、二〇種類のプラスのサブリミナルメッセージ「私の身体の中には病気を治す力がある、私の体の中には笑いとユーモアのエネルギーがある」を低音の男性の声で潜ませて、患者さんに聞かせたそうです。

サブリミナルメッセージは通常は聞こえませんが、繰り返し聞いているうちに潜在意識では知覚するようになるものです。今回の実験でも、脳の働きに好ましい影響を与えることが科学的に証明されました。このテープを二、三分流しただけでその場にいる人が笑いに包まれてくるそうです。

同じようにニコニコしている人と一緒にいると、ついこちらも何だか楽しくニコッとしますよね。つまり、笑い声や笑い顔はウィルスのように伝染するのです。そういえば、「あの人がいると楽しくなる、あの人に会うと元気になる」、反対に「あの人がいると肩がこる、あの人に会うとなんだか嫌な感じなのよね」など、私たちは日常的に感じています。

キーボード奏者でシンガーソングライターの渡辺知子さんは、三三歳の時にくも膜下出血で倒れ、奇跡の回復をした人です。演奏が素晴らしいのはいうまでもありませんが、私が大好きな彼女の魅力は彼女の童女のような笑い声です。

知子さんは自分自身の闘病体験を「生命《いのち》が光る」というテーマで講演し、演奏をして、多くの人に勇気と元気のパワーを与えています。彼女に起こった出来事はすべて笑いと同時に表現され、悲劇が喜劇になってしまいます。

実際、今考えても不思議ですが、彼女の退院後に、緊急入院と手術の経過そして闘病生活のエピソード話のあれこれを聞いた時は、生きるか死ぬかの話ですのに笑い通しでした。辛い出来事を話す時に、他の人を笑わせるのは、プラス思考の成果です。彼女のコンサートで、演奏と話を聴くと、一人の人間の影響の偉大さを感じます。

よい表現も悪い表現も伝染します。そして私たちは、歳を重ねれば重ねるほど、よい表現を必要としています。

プラス表現を習慣にするには

私の弟は、西オーストラリアのパースという美しい街に住んで一四年になります。移り住んですぐ西オーストラリア大学の大学院に通い始めました。自宅から徒歩で一〇分ほどの場所です。初めて登校した日に戸惑ったのは、道で出会う人皆がほほえむことだったそうです。

もちろん、島国の日本と違い、国境がすぐ側にある国からはるばる移住して成り立った国の、文化の違いによる習慣ですが、「郷に入っては郷に従え」です。道で出会う人の笑顔に戸惑うことなく、こちらから笑顔を返すことに慣れるまで六カ月かかったと言っておりました。六カ月間あれば、ほほえみは習慣として身につくと思いませんか?

歳を重ねるほど重要な前向きな考えと態度

歳を重ねれば重ねるほど、愛する人を失う深い悲しみに出会う可能性は多くなります。

数年前、親友とイギリスに旅しました。ロンドンからオックスフォード大学があるオックスフォードを経由して、シェークスピアの生誕地のストラッドフォード・アボン・エーボンに行き、お風呂の語源になったバースから世界遺産のストーン・ヘイジを巡り、またロンドンに帰ってくるバスツアーでした。三〇名ほどのメンバーの中に七三歳の元気な男性がいらっしゃり、お聞きすると一年に一〇回ぐらいの海外旅行をなさっているそうで、そのエネルギーに驚かされました。

今でこそ、海外旅行に加えて、社会活動や地域活動とパワフルに生活されていますが、数年前に奥様を亡くされた時は、ショックのあまりしばらくは何もする気が起きなかったそうです。妻を亡くした喪失感を埋めるために、四国の霊場巡りをされ、そこで若い女性の巡礼者と出会ったことが、元気いっぱいの生活のきっかけになったそうです。その女性は婚約者を交通事故で亡くし、その辛さから立ち直るために霊場巡りをしていたのです。

「私は妻を亡くしたとはいえ、五〇年近く一緒に生活をし、子どもも育て孫もいる。病身の妻を連れて、国内も海外も旅した思い出もある。この若い女性の不幸に比べれば、自分の不幸なんてまだ小さい。妻の分まで生きて残りの人生を生きようと決心した」とおっしゃいました。

大切なものを失えば、誰でもショックで落ち込むと思います。すぐに元気になれるはずがありません。しかし、立ち直りの早い人と遅い人がいるのも現実です。立ち直るには「もうだめ」ではなくて、「新しい人生にチャレンジする」気持ちが必要のようです。

「幸せな老後」を実現するためには、前向きな考えと態度は、歳を重ねれば重ねるほど重要なことなのです。「どうしても、私は悪い方に取ってしまう」と思っている人も、完全を望まずに、今より少し明るい考え方と態度を意識すれば十分だと思います。時折、自分が不幸だと人の幸福を羨んだりしたくなるものですが、ここが人間の分かれ道、「禍福は糾《あざな》える縄の如し」です。

よくても喜びすぎない、また、悪くてもその状態が永遠に続くことはありません。

過去の事実と他人は変えられません。もし、変えたければ過去への認識を前向きにして、未来を信じ、ニッコリほほえんでみましょう。未来は変えられるのです。

こんにちは
こんにちは
こんにちは
こんにちわん

タクシーでのトレーニング

前向きな考えを習慣にするため、タクシーを利用している友人がいます。タクシーの運転手さんほど、感じのよし悪しに差があり、私たちの気分を左右するにも関わらず、選ぶことができない人間関係はないでしょう。

最近乗ったタクシーだけでも次のパターンがありました。

1、車に乗ったと同時に挨拶があり、「〇〇までお願いします」に「は　い、かしこまりました」と感じのよい返事がある。

2、車に乗った時に挨拶があり、「〇〇までお願いします」に「はいはい、〇〇ね」と軽い感じの応対。

3、車に乗った時に挨拶はなく、「〇〇までお願いします」に「はい」と、投げやりな返事ある。

4、車に乗った時に挨拶はなく、「〇〇までお願いします」に返事もない。

いかがでしょうか？

特に4のパターンは、行き先がわかっているのか、感じが悪いだけでなく不安になります。2や3でも不快感を感じる方も多いでしょうが、これくらいはさらりと流さなければ前向きの考えは身につきません。

返事をしない人に対して、ムッと腹を立てるのではなく「この人気分が悪いんだ、かわいそうな人」と気にしないようにするのがトレーニングです。このパターンに出会うチャンスは幸か不幸か多いのですが、トレーニングになると思えば不快感は軽くなります。

相手の態度に関係なく、こちらから「こんにちは」と言うと、その時の返事はなくても、降りる時は「ありがとうございます」と言う確率が高くなるように思えます。やはり、プラスの態度は伝染するのでしょう。いつぞやは、最初返事をしなかった運転手さんから「お客さんのような挨拶をされると気分いいですね」と誉められました。「何か変？」ですが、この場合の目的は不愉快な感情に振り回されることなく、タクシーの中で楽しく過ごすことです。

チャレンジシート　1　回答例

前向きに行動するためのプラス表現のレッスン。空白を埋めてみてください。

マイナス表現　⇔　プラス表現

①やせている　⇔　スマート・スリム・スタイリッシュ

②小心　⇔　慎重・熟慮の人・配慮がある

③けち　⇔　堅実・経済観念がある

④生意気　⇔　意志が強い・元気がある・パワーがある

⑤行動力のない人　⇔　慎重・用心深い人

⑥乱暴な人　⇔　逞しい人・野性的

⑦嫌な人　⇔　勉強になる人

⑧最悪の日　⇔　今日から人生は昇り坂

⑨思い通りに進まない　⇔　見直しの機会

⑩気が合わない　⇔　違う世界の人・違う思考回路

⑪老化　⇔　成熟・経験豊か

⑫集中力がない　⇔　好奇心旺盛

⑬暗い　⇔　思慮深い・哲学的・落ち着きがある

⑭のろま　⇔マイペース・ゆったりしている・穏やか

⑮スランプ　⇔充電中・勉強の時間

第2章
幸せな老後へのスタート

快適な老後のスタートは、
現状を把握することから始まる。
私の今の立場や、
私の財産である、能力、人間関係、
時間のすごし方を
把握すると、
今まで気づかなかったことが
見えてくる。

自分を知ることから始める

なぜ自分を知る必要があるの

さて、皆さんはご自分のことをどれくらいわかっていると思っていますか。現在の体重、お財布の中身、健康状態、精神状態、人間関係など、わかっているようですが意外に答えられなかったりします。心理学では「自分のことは自分が一番わかっている、という人ほど、自分がわかってない」と言われています。外出先で、予定外の買い物をしたくなった時に財布の中身を確認するように、あるいは車や家などの高価な買い物をしたいと思った時に、預金残高を調べるように、楽しい老後に向かいスタートするならば、自分を知る必要があります。

ここで知りたいことは、今のあなたの「立場、能力、人間関係、時間の使い方」です。

自分を知る目的は「気づき」で、それは「快適な老後」を迎えるためのスタートに欠かせないものです。「気づき」とはそれまで自分が気にとめてなかったところに自分の意識が向いて、物事の存在や状態を知ることです。

出発地点を認識する

車でドライブをするとイメージしてください。目的地は「快適な老後」、スタート地点は「今の私」です。車を発進させるには、自分がどのような場所（立場）にいて、どのくらいの量の燃料（能力、資産）を持っているかを確認し、誰（人間関係）といつ（時間の使い方）出発するかを決めるでしょう。天候（環境）も調べた上で、燃料が少なければどこかで給油しなければなりませんし、天気次第では日程を変更したり、コースを変える必要も出てくるでしょう。

全国にレールが張り巡らされた鉄道の旅と違い、私たちの「快適な老後」への旅は地図もレールもありません。目的地を目指すならば、「今の私」という車が、どのような状態にあるかを客観的に把握する必要があるのです。

自分を知るためのシートを用意しています。これに書き込んでいただくと、新たな自分に気づくことができると思います。当たり前のようにわかっていることを、改めて「書く」ことで客観的に自分を観ることができるからです。

しがらみのない自分の老後だからこそ、主体性を持って自分を知ることができると思います。では、まずは立場を客観視することから始めましょう。

あなたの立場は

立場は変化する

人は立場により、価値観や行動が変わります。長い人生の中で、立場は必ず何度かは変化します。自分がおかれた立場を知ることは、次にくる変化を予測し、現在の自分がすべき行動を確認することになります。

では、まずはあなたの現在の立場を明確にするために、次の質問に答えながら考えてみてください。

Q　あなたの社会での現在の中心的立場は何でしょう？

あなたの立場を明確にするには、あなたが何と呼ばれることが多いかで判断します。

たとえば、四〇歳の主婦のあなたでしたら、子どもからは「ママ」、子どもの友達からは「悠里ちゃんのおばちゃん」、近所の人からは「鈴木さんの奥さん」、パート先では「鈴木さん」、親戚関係からは「鈴木家のお嫁さん」と、たくさんの呼ばれ方があります。

また、四二歳のお父さんでありビジネスマンのあなたでしたら、子どもからは「パパ」、職場では「総務部の部長」、取引先からは「小山商事の山田さん」、幼馴染からは「山田」とか「敏朗」、などと呼ばれるのでしょうか？

チャレンジシート　4　私のカルテ

Q　あなたが、何と呼ばれているか思い出してみましょう。

家族には
地域では
会社では
社会活動では
趣味の世界では

Q　一番回数多く呼ばれる呼ばれ方は何ですか？

Q　今後一番大切にしたい立場は何ですか？

住まいや家族を中心とした「家庭人」としての呼ばれ方に、仕事をしているあなたは「職業人」としての呼ばれ方が加わります。また、ボランティアグループや趣味の仲間には、違う呼ばれ方をするでしょう。

いろいろな顔を持つあなたですが、一番数多く呼ばれる名前が、現在のあなたのおかれている中心的な立場になります。

女性の場合

女性は、一生の間の立場の変化（ライフステージ）が男性より多くあります。

今、子育てで何も考えられないとしても、一〇年後は、時の経過と共に、自分世界の中心が変化することも考えておかねばなりません。子育てが終了して、子どもが親の手を必要としなくなった時に陥る喪失感を「空の巣症候群」と言います。

女性のライフサイクルの変化

ライフサイクルの変化

この50年間で

平均寿命　　　　　　　出生率

⇒　　　　　　　　　　⇒

第２の新婚生活　　　　第２の独身

⇒　　　　　　　　　　⇒

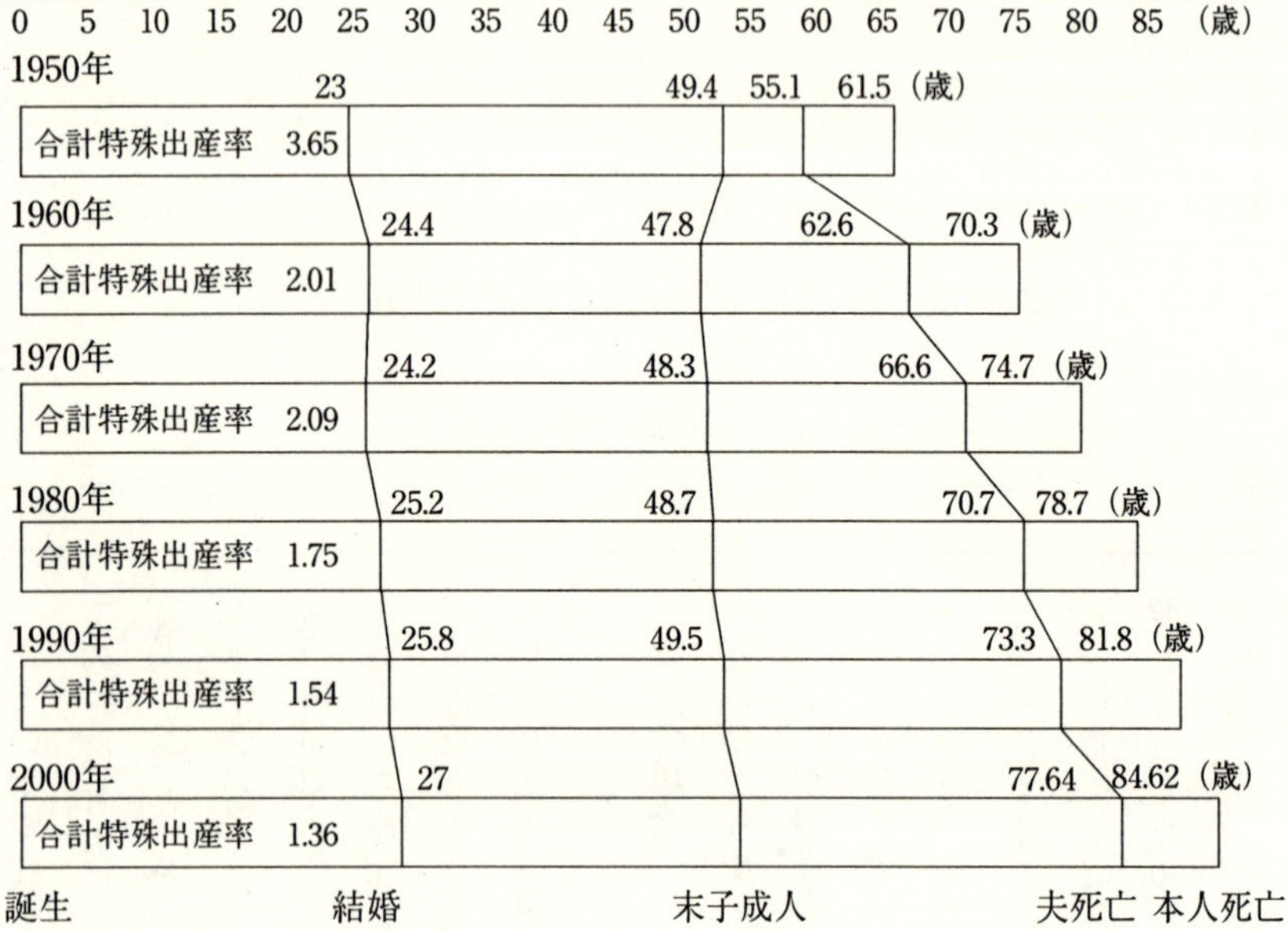

私のライフサイクル

0　5　10　15　20　25　30　35　40　45　50　55　60　65　70　75　80　85

日本女性のライフステージの変化

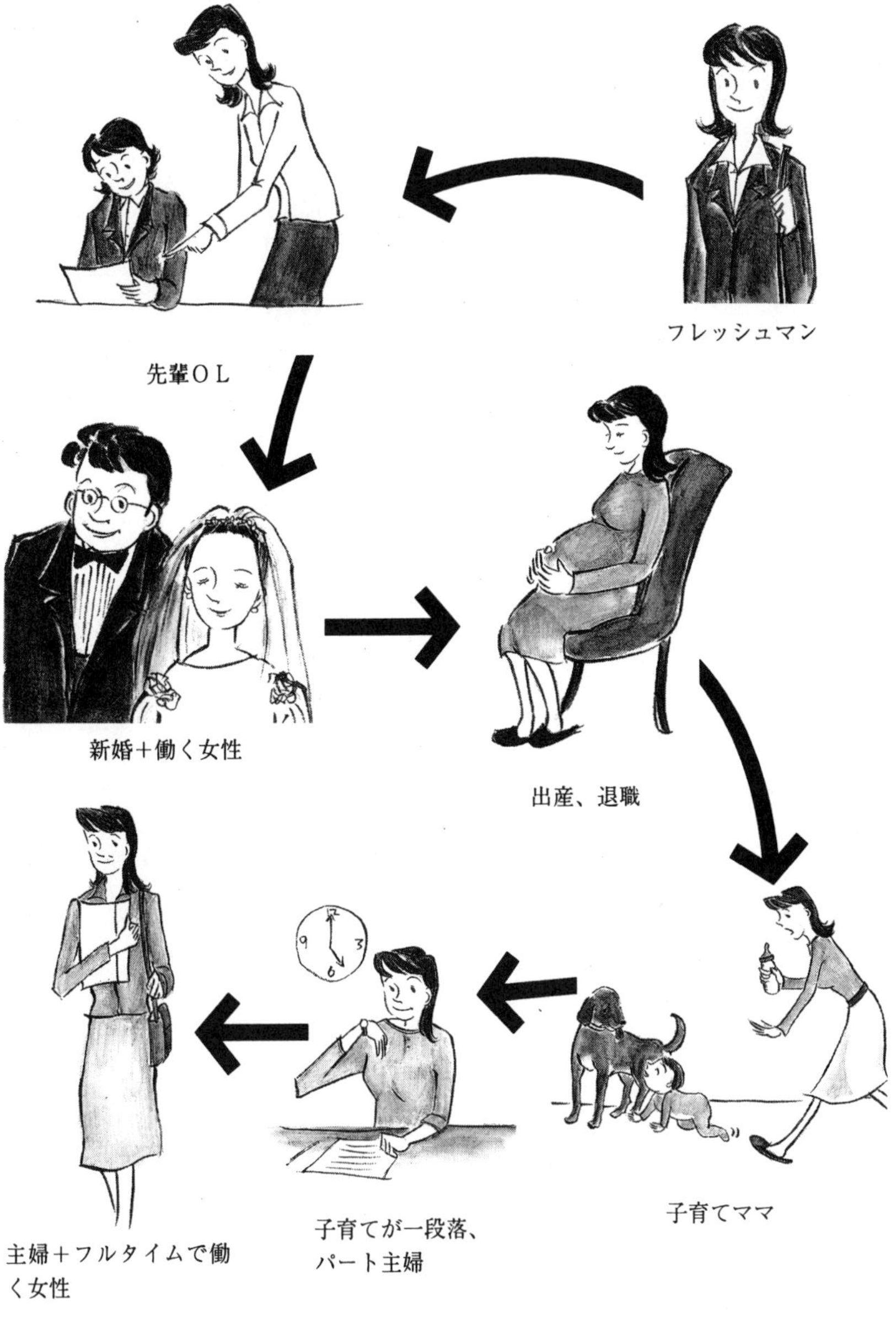

子どもにせっせと、餌を与えていたのに、巣にいた子どもが巣立ってしまい、空の巣の中で喪失感や空虚感を味わっている状態です。

退職後の自分を想像する

男性は退職時に生活が激変します。自由時間の少ない「働きすぎの中年」から「時間のありすぎる高齢者」になるからです。準備なしに退職を迎えた男性は「空の巣症候群」に似た症状が表れます。

また活き活きと毎日外出する妻に「わしも連れて行ってくれ」と言う「わしも族」、「連いてこないでください」と言う妻に連いて行きたがる「濡れ落ち葉族」（濡れ落ち葉は掃除をする箒と塵取りにベッタリとつき、「こないで」と言ってもベッタリついて始末に困る意味だそうです）。帰宅の遅い妻を「まだか、まだか」と待つ「まだか族」。このように揶揄されます。どうも老後は一生懸命働いた男性の旗色が悪いようです。

ちなみに、会社人間が定年退職と同時に失うものは一〇項目あります。

一、所属集団（会社）との別れ
二、肩書きとの別れ
三、特権、処遇、待遇との別れ
四、自分の手足になってくれた同僚、部下、組織成員との別れ
五、組織を象徴するバッジやユニフォームとの別れ

六、所属集団（会社）を仲介とした人間関係（取引先、業界、顧客）との別れ
七、受信、発信、情報交換（年賀状、暑中見舞い、社内外の情報）との別れ
八、仕事上の冠婚葬祭、ゴルフ、マージャン、懇談会、パーティなどの交際との別れ
九、お金（給与）との別れ
一〇、健康との別れ（老化現象）

男性も女性も、ライフステージの変化で失うものを把握していれば、それに変わる何かを準備することができます。快適な老後に向かってスタートするにあたり、自分の立場を把握し、次のステージを想像し、備えましょう。

私の能力って何

ないようである能力の発見

自己分析の目的とは、自分で自分の考え方、感情、行動を客観的に知ることです。自分自身の立場（自分がいるライフステージ）を認識した上で、自分の能力を認識するためのカルテを作成してみましょう。いわば自分の技術、能力、体力などの燃料にあたるパワーの棚卸です。

女性版のサンプルを示しますが、目的は自分をより知ることですので、書き方は自由でかまいません。何か、発見がありましたか？　謙虚な方は、私は特技がないなんて思っていませんか？　きっと何か

私のカルテのサンプル

サンプル　北野裕子さんの場合

名前　キタノ　ユウコ　北野　裕子

生年月日 1965年7月23日生まれ　**年齢**　満40歳

学び歴

期間	教育機関	学んだこと身につけたこと
3年間	高校	友人、映画のおもしろさ
2年間	専門学校	簿記1年
	スイミングスクール	1000メートルクロール
6カ月	ヨガ教室	ヨガの基本ポーズ
1年	英会話教室	海外旅行の英会話
2カ月	パソコン教室	コンピュータ操作
6カ月	インテリアスクール	インテリアコーディネーター
6カ月	子育てネットワーク	子育てについて

職歴

期間	職場名	学んだこと身につけたこと
5年	電力会社	社会の常識　一般事務6年
この間6年ブランクあり（結婚、出産のため）		
5年	工務店	厚生・年金の仕組み、人事管理
パート社員4年	住宅メーカー	住宅に関する知識資格

資格　インテリアコーディネーター　**免許**　運転免許

特技　20分で夕食がつくれる　冠婚葬祭の準備が得意

趣味　ガーデニング

性格長所　好奇心旺盛　**短所**　飽きっぽい

健康状態　**身体**　よい・普通・少し心配　コレステロール値高い

心　最近ストレス状態（イライラする）

預貯金　おおよそ　500万円

ローン残　車のローン残50万円　住宅ローン1500万円

チャレンジシート　5　私のカルテ

名前　　　　　　　　　　　生年月日年　　月　　日生まれ	
年齢　　　　　　　歳	
学び歴	
期間　　　　教育機関　　　　学んだこと身につけたこと	
職歴 期間　　　　職場名　　　　学んだこと身につけたこと	
資格（検定）	
免許	
特技、趣味	
性格	
長所　　　　　　　　　　　　短所	
健康状態　身体　　よい・普通・少し心配・悪い　どのように 　　　　　心　　　　　　　　　　　　　　なぜ	
預貯金　おおよそ　　　　　　円　ローン残	

あるはずです。何もプロ並みじゃなくても、たとえば、「入退院の準備が手早い」、「チケットを取るのが得意」、「人をなだめるのが得意」、「キャンプのテント貼りが得意」、「鳥の種類を知っている」、「大工仕事が得意」、「手打ちソバがつくれる」などなど、何でも友人知人より少しでも優れていることは特技と見なしましょう。

自分で気づかない能力を見つける

自分では気づかないところを、他の人は客観的に見ています。

自分の長所、短所の書き込みも、意外と難しいかもしれません。この機会に信頼できる（何を言われても傷つかない）家族か親友に「私の特技は何だと思う。私の短所は、長所は？」と聞いてみましょう。自分自身ではそう思っていない特技や長所も、教えてくれると思いますよ。

Q　七人の信頼できる人に、私の長所と短所を聞いてみましょう

Q　「私のカルテ」を作成しての発見はありましたか

人間関係のネットワーク

大切な人を把握する

さて、カルテを作成した次に客観的に知りたいのは、人間関係のネットワークです。私が長年のサラ

リーマン生活を辞め、独立する決心をした時、勤務していた会社のコンサルタントのF先生に、「少しの能力と、運と、人脈があれば大丈夫ですよ」と言われました。

様々な数字のデータから科学的に経営のあり方を分析するQC（品質管理）の先生の言葉なので、驚いた記憶があります。同時に勇気が湧いてきました。能力より、運と人脈に少し自信があったからです。立場を考えたり、能力のカルテを作成してみれば、自分自身が常に周りの人間関係において支えられていることがわかってくるでしょう。

思い返してみれば、何か困った時に「あの人のお蔭で助かった」と、誰しも一度は体験していると思います。場合によれば、お金（財産）よりも役に立つのが人材（人財財産）と言えるのではないでしょうか。やはり充実した老後を迎えるには、豊かな人間関係が欠かせないようです。

人間関係を知る目的は、自分を支えてくれている人たちを把握し、大切にするためのものです。シートに書き込む時は遠くに住んでいる家族も、人生を共有している家族のような人やペットも、家族のリストに書き入れましょう。

人間関係を棚卸して、整理する

狭いマンションに住み、収納スペースが限られた生活をしている私は、洋服が増えて、洋服ダンスから溢れ出しそうになった時、すべての洋服を出して「三年着ていない服」と「ここ三年間に着た服」に分類します。

整理をすると、眠らせていた洋服を再び今年の流行として着られることに気がつき、思いがけず得した気分にもなることができます。

幸い、人のネットワークは多くなっても溢れることはありませんが、持てるネットワークを有効に、流れをよくするために、整理をすることは必要です。

私たちは日常生活で無意識に多くの方と接しています。棚から出した洋服を夏物と冬物に分けたり、外出用と普段着に分類するように、人間関係を振り返って整理してみましょう。

整理してみると、近所の人、家族、親友、仕事先の方、仕事仲間、何かの時に頼れる人、相談できる人、病院選びのアドバイスをくださる人、師、弁護士、税理士、旅行仲間、趣味の仲間など多くの人間関係がすっきりと把握できます。

そうすると自分の人間関係の全体像が見え、これから築きたいネットワークや、ずいぶんご無沙汰している大切な人も思い出します。

チャレンジシート6、7は、重要と思う分野を挙げてみました。自分を中心とした人間関係のネットワークを書き込んでみてください。

自分のネットワークがどのようにあるかで、考えや、感情、行動も変わってきます。

縁とは不思議なものですが、少なくとも自分にとって重要と思われる人と、お世話になった人（この人のお陰で今があると思える人）は意識をして大切にしたいと思います。大切な人なのに、礼を欠いてしまうことがあるからです。私が「そうしていますか？」と尋ねられれば「なるべく、そうしようと思っています」としか答えられませんが、意識した方が行動に繋がります。

異業種交流会でお会いし、その後知人のトラブルについて電話でお尋ねした女性弁護士、原田恵美子

チャレンジシート　6

整理をする前に、年賀状リストや電話帳を見て、ご自分の人間関係の在庫を出してみてください。

（家族関係）

家族　　父、母		夫ｏｒ妻	
子ども	名	兄弟	名
恋人	さん	親戚	名
家族ぐるみの付き合い：		家族	

（職場関係）

今の職場	名	過去の職場	名
地域関係	名	町内会	名
自治会	名	会	名

（社会活動関係）

協会	名	の会	名

（趣味関係）

仲間　名

（友人関係）

中学時代からの友人　名

高校時代からの友人　名

時代の友人　名

時代の友人　名

その他

チャレンジシート　7　私のネットワーク表

近所付き合いをしている人　　　　　　さん

何でも打ち明けられる友人　　　　　　さん

人生の師　　　　　　さん

仕事の相談ができる人　　　　　　さん

信頼できる仕事仲間　　　　　　さん

法律の相談ができる人（顧問弁護士）　　　　　　さん

税金に強い人（税理士）　　　　　　さん

医療関係の相談ができる人（ホームドクター）　　　　　　先生

コンピュータをアシストしてくれる人　　　　　　さん

趣味の先生　　　　　　先生

趣味仲間　　　　　　さん

おいしいレストランを教えてくれる人　　　　　　さん

旅行を誘える仲間　　　　　　さん

よいライバル　　　　　　さん

さんと塩田裕美子さんから、お二人の連名で、「翼法律事務所」という事務所開設のご案内をいただきました。司法試験受験生時代からの友人で、その時の夢が叶ったそうです。

女性は男性より女性に相談しやすいことがたくさんあります。今私が、相談したいトラブルを抱えているわけではありませんが、何かトラブルがあった時に気軽に相談できる弁護士さんがいて、いざという時に相談できると思えただけで安心した、うれしいご案内でした。

早速、私のネットワークリストに入れ、友人たちにも「女性弁護士事務所があるのよ、何かあった時はご相談できるわよ」と教えました。

時間の使い方を把握しよう

平等に与えられた時間

持って生まれた才能や財産などは個人差がありますが、一つだけ世界中の誰にも平等に与えられているモノがあります。

それが、時間です。一日は誰にとっても二四時間、一カ月の長さも一年の長さも同じです。

企業や組織で「忙しい人に仕事を頼め」とはよく言われる言葉です。なぜならば、忙しい人は仕事が速いからです。一方、「忙しい、忙しい」と言いながら、仕事がなかなかはかどらない人もいます。この違いは、時間の使い方にあると思えます。

アインシュタインは『相対性理論』で「縦横高さの三次元」の世界に「時間」を加えました。私たち

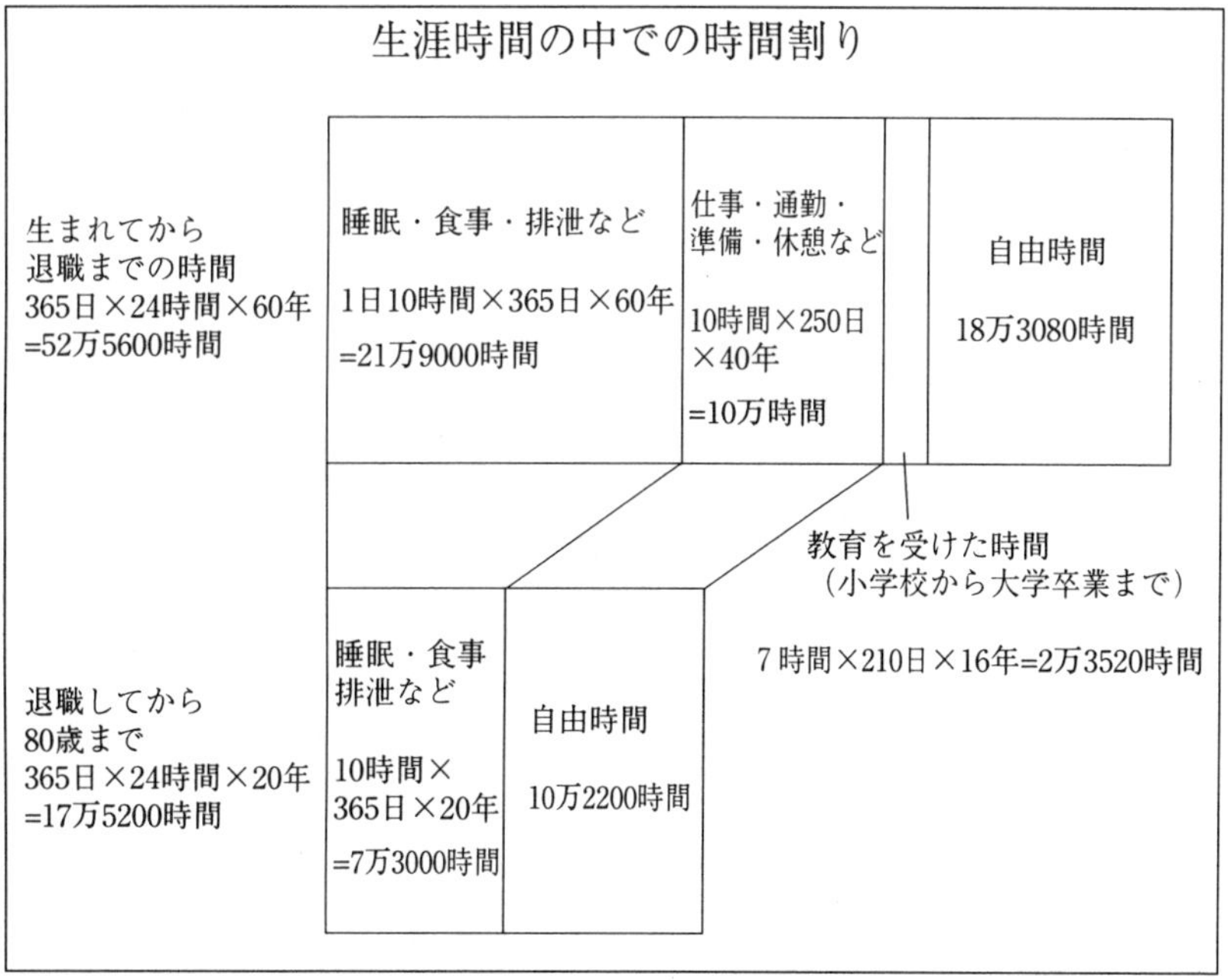

は難しい理論は理解できなくても、「楽しい時間は速くすぎ、退屈な時間はゆっくり流れる」ことを常々体験しています

であるなら、少し工夫すれば、一日を楽しく効率よくすごせることもできそうです。

時間という財産を有効に使うため、時間をどのように使っているかを見直してみましょう。

一％をどう使うのか

サラリーマンが、人生をかけているかのごとく働いた労働時間は一〇万時間で人生八〇年の一四％強です。退職後の二〇年間の自由時間も一〇万二二〇〇時間と、働いた時間以上が残されています。

たとえば退職後、何か勉強したいと思って、一日一時間の勉強を一〇年間続けると、三六五〇時間。二〇年間続けると、七三〇〇時間にもなります。

この時間は、小学校、中学校、高校、大学の学習時間二万三五二〇時間の三分の一近くになります。

学びたかったこと、欲しかった資格、子供の頃の夢、忙しくてできなかったことを思い出してみましょう。これだけの時間があれば、何を望んでも不可能はないように思えませんか?

タイムサイクル表をつくってみる

平等に与えられた時間を有効に使い、幸せな老後に向かってスタートするために、現在のタイムサイクル表を作成して、自分自身がどのように時間をすごしているかを見てみましょう。

一%の時間をどう使うかで、老後は変わります。幸せな老後をイメージして唯一私たち人間に、平等に与えられた時間の使い方を見直してみましょう。

もちろん、私たち人間は活き活きと生きるための、リラックスしたり、ボーッとしている時間も必要です。しかし、同時に無駄な時間がないか考えてみると、時間の使い方が変わるかもしれません。「時は金なり」、神様から平等に与えられた時間貯金は増えることはなく、引出し専用通帳に入っています。

主体性を持つために自分を知る

さて、自分のおかれた立場、能力、中心とした人間関係のネットワーク、時間の使い方を客観的に見直し自己分析してきましたが、いかがでしたでしょうか?

あと自己分析したいものに、自分の感情がありますが、先に進みながら考えてみたいと思います。

企業においては、人材育成のための手段の一つとして、社員の状態を知る様々な自己分析を実施しています。多くの場合は企業が人事や研修計画の参考にするためです。自己分析の結果を、企業の利益のために使われるのは、現実問題として致し方ないことです。そのため、自己分析に否定的になる人もいます。

集合写真が出来上がり、その写真を見ながら最初に探すのは誰でしょうか。「写真写りどうかしら」と一〇〇%自分自身を探します。誰しも自分に対して一番興味を持っています。そうであるならば、成長のために自分を知ることは嫌ではないはずです。企業にいる時と老後の違いは、主体性を持てるか持てないかです。

最近は企業研修においても、研修テーマを自主選択できる場合が増えてきました。同じ研修でも、自

チャレンジシート　8

まずはサンプルを参考にして、月曜日から金曜日の一日のタイムサイクルを作成しましょう。

サンプル　　　　　　あなたの一日

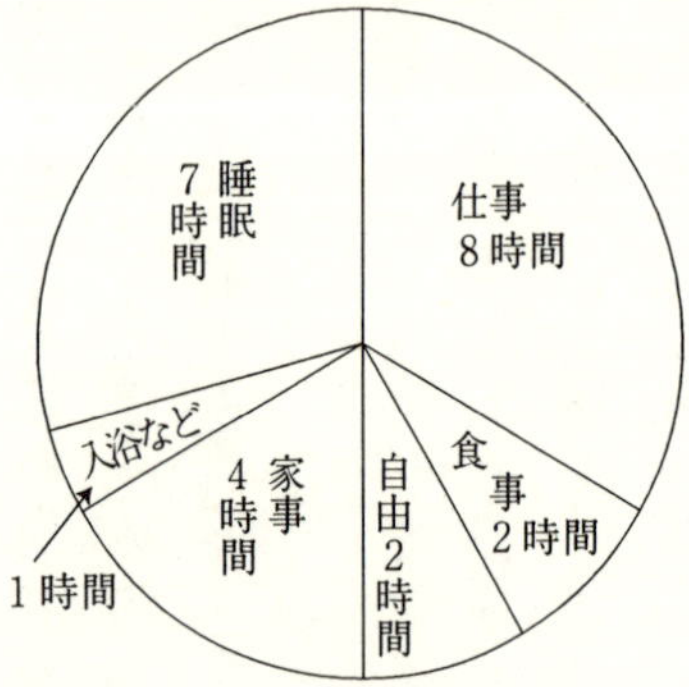

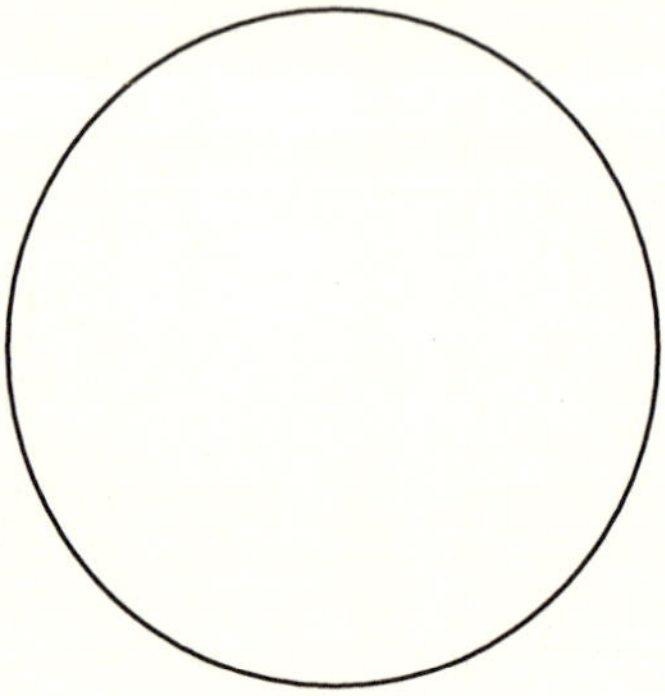

次は休日（仕事が休みの日）のタイムサイクルを作成しましょう。

サンプル　　　　　　あなたの一日

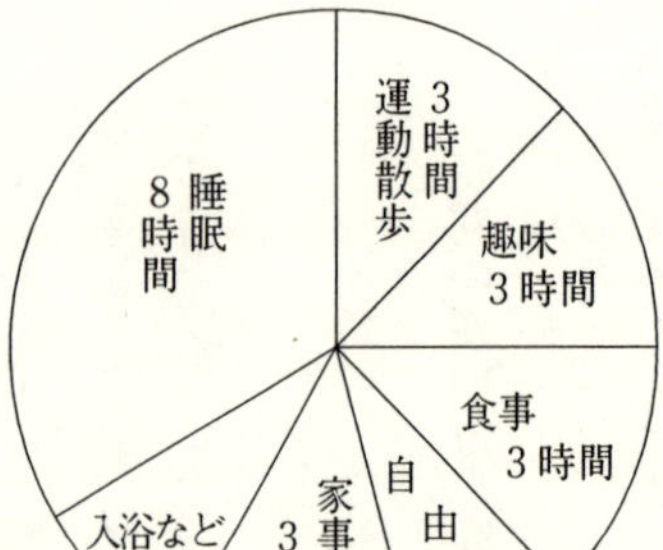

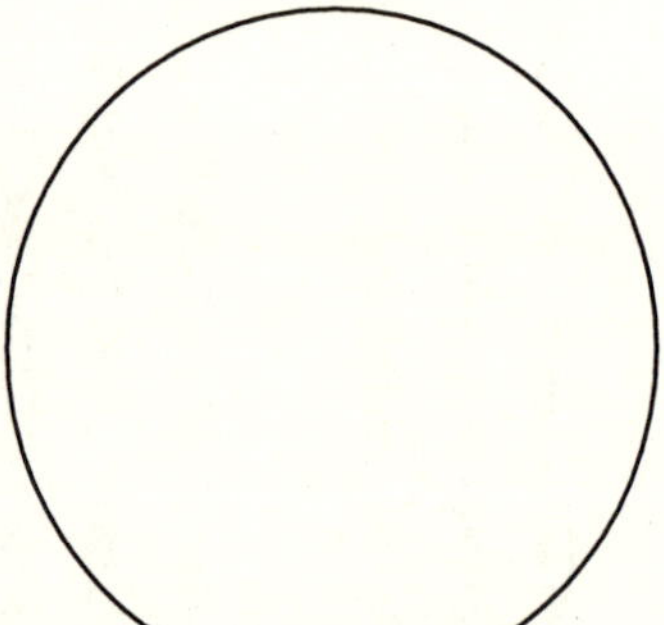

時間の使い方のサンプル

次は、あなたの一日平日と休日のタイムサイクルを参考にして、1年間を通じて、時間をどのように使っているかを見てみます。

1年のタイムサイクルの現状（1%以下と小数点は切り上げました）

1年＝24時間×365日＝8760時間（100%）

①毎日のこと	時間×365日	合計	%
睡眠時間	7時間×365日＝2555時間		29%
食事時間	2時間×365日＝730時間		8%
洗顔・化粧など	1時間×365日＝365時間		4%
家事	5時間×365日＝1825時間		20%
ＴＶ・新聞	1.3時間×365日＝475時間		5%
その他	1.5時間×365日＝548時間		6%
		合計6498時間	約73%

②月に数回のこと	時間×回数×12月	合計	%
勤務時間	3.5時間×20回×12月＝840時間		10%
通勤時間	1時間×20回×12月＝246時間		3%
運動時間	1時間×10回×12月＝120時間		1%
趣味時間	1時間×8回×12月＝96時間		1%
食事会	2時間×2回×12月＝48時間		1%
映画鑑賞	2時間×1回×12月＝24時間		1%
		合計1372時間	約16%

③年に数回のこと	時間×日数	合計	2%
旅行日数	24時間×6日＝144時間		2%
その他	24時間×0日＝		0%

何をしているかわかっていることの合計

①＋②＋③＝8014時間　91%

④何をしているかわからない時間の合計

8760時間－(①＋②＋③)＝746時間　約9%

チャレンジシート　9

あなたの時間という財産の使い方を見てみましょう。項目は自由に変えてください。(30分は0.5時間、20分は0.3時間の単位で書き込んでみてください)　1年24時間×365日＝8760時間（100%）

①毎日のこと	**時間×365日**	**合計**	**%**
睡眠時間	時間×365日＝		%
食事時間	時間×365日＝		%
洗顔・化粧など	時間×365日＝		%
家事	時間×365日＝		%
ＴＶ・新聞	時間×365日＝		%
その他	時間×365日＝		%
②月に数回のこと	**時間×回数×12月**	**合計**	**%**
勤務時間	時間×　　回×12月＝		%
通勤時間	時間×　　回×12月＝		%
運動時間	時間×　　回×12月＝		%
趣味時間	時間×　　回×12月＝		%
時間	時間×　　回×12月＝		%
時間	時間×　　回×12月＝		%
③年に数回のこと	**時間×日数**	**合計**	**%**
旅行日数	24時間×　　日＝		%
その他	24時間×　　日＝		%
非日常的なことの合計			%
何をしているかわかっていることの合計	①＋②＋③＝		%
④何をしているかわからない時間の合計	8700時間－(①＋②＋③) ＝		**%**

Q　何か気づいたことがありますか？

「ＴＶを漫然と観ている時間が長い」とか、「休みの日に、何をしているかわからない」という意見をよくお聞きします。働き盛りの方は、労働時間が驚くべきほど長い方もいるでしょう。あなたはいかがでしょうか？

A　あなたの気づき

Q　あなたのタイムサイクルに何を加えたいですか？

A

時間に追われるのも辛いものです。しかし、何に使っているかがわからない時間も多く、工夫次第で何かが違ってきそうです。

主選択での受講と命令での受講では大きな違いがあります。ある講師の言葉を借りれば、「効果の違いは一五〇倍」もあります。老後こそ、自分のために自分が主体性を持って変わることが可能な時なのです。

ところが、私たちは本能的に「変わりたくない」、「変わるのが怖い」と思う性格も持ち合わせます。何か目標を決めても、その後にできない理由を挙げるのは、変化を避けたがるこの心理からです。誰しも成長したいと思いながら、なかなか実行できない人間の複雑な心理がここにあります。

しかし、「快適な老後」を願うならば、現状の中での気づきをスタートに次に進まねばなりません。

さてこの章では、自分の立場、能力、人間関係、時間の使い方を振り返り、客観的に見ました。

気づいたことは何だったのでしょうか?

第３章
楽しい老後をイメージする

リタイヤ後の自由時間は、
サラリーマン時代の全就労時間より多い。
前向きな目標思考になれば叶わない夢はない。
楽しい老後を迎えるために目標を立てよう。
昔の夢を思い出して実現しよう。
最初の一歩踏み出すために、
現在の不安や不満を整理しよう。
実践するには、時間の管理とイメージが重要。

夢のイメージを描いてみる

目標を持とう

目標といえば、小さいものから大きいものまで様々です。この章では、自分の快適な老後を夢見てイメージした上で、そのイメージを実現するために目標を立てます。決意して行動さえすれば達成可能な目標に向かい、一歩を踏み出せます。

あるデータによりますと、自分の人生の中で明確な目標を持っている人は二〇％で、その二〇％のうちの八〇％の人が、五年以内に目標を実現しているそうです。つまり、達成率が八〇％ということになります。目標を持たない人に比べて、かなり高い確率になるでしょう。

砂浜を歩いたことはありますか。真っ直ぐ歩いたつもりでも、振り帰って見ると、足跡はゆっくり蛇行しています。ところが、遠くの建物など目標地点を決めて歩けば、真っ直ぐ歩くことが可能になります。行動を始めるにあたり、目標を明確に決めることは、最短距離でゴールに達する最善の方法なのです。

第二章で、自分のおかれた立場、能力、関係のネットワーク、時間の使い方を見直した時の気持ちを

思い出してください。「こんなつもりじゃなかった」とか「もっと、こうありたい」などと思われたことでしょう。このギャップを埋める作業も目標になります。

今あなたが五〇歳だとしても、男女の平均寿命の八一歳までは三一年間あります。生まれたばかりの赤ちゃんが、三一歳になる時間ですから、かなりのことが可能といえます。今できることを行動に移すために、快適な老後をイメージして目標を決めることが第三の法則です。

忘れていた夢を思い出す

目標を決めるにあたり、現実の枠を取り外して夢を書き出してみてください。

忘れていた夢も思い出しましたか。夢を描くって楽しいですね。「ああ、こんなことを夢見たことがあった」と思った時のあなたの表情を鏡に映せば、きっと幸せな表情をしているでしょう。

叶えばもっと幸せになるのは、いうまでもありません。「もし、一億円当たりたったら何に使おう」と想像しながらうっとりする心境です。

現実に宝くじが当たる確率はわずかですが、買わなければ当たらないのも事実です。宝くじと同じにはできませんが、夢も見なければ叶わないのです。宝くじは、いくらかの資金と祈ることが必要になります。

「快適な老後」を望むならば、夢が必要です。

すてきな夢を持っている人を紹介します。ミス福岡のトレーニングを私が一〇年間務めた関係で、今も妹のように親しくしている一九八七年度のミス福岡中川リミさんの夢は、定年後大好きなイタリアに住むこと。そして中学時代からの友人柴本潤子さんの夢は、五五歳になった時に経営しているスナック「メンバーズ潤子」で関わったお客様の人間関係を基に、イギリスの郊外の美しい村でB&B（朝食のサービスとベッドだけのイギリス風のペンション）を経営することです。

そしてもう一人、秋月オフィスの講師である小山紀代子は、子どもへの責任を果たした六〇歳になった時に、イギリスに留学することを夢見ています。

私はこんなすてきな夢を持った三人に便乗して、ゆっくりヨーロッパを旅するのが夢の一つです。

遠い夢でも現実的な一歩があります。語学教室に通う、留学先の情報を得るために本を買う、実現のための費用を貯めるための口座をつくるなどです。

あの頃の夢……
フラワーshop
Englishの基本
A
B
C
世界へ旅行
やってみようかな
English

チャレンジシート　10

いつか、叶えたい出来事（夢）、手にしたいもの

1 年後

3 年後

5 年後

7 年後

10 年後

15 年後

20 年後

25 年後

30 年後

35 年後

40 年後

心の「もやもや」を整理する

不安は何ですか

現実的な目標を決めるにあたって、心の「もやもや」を整理しましょう。

私たちは、原因がわからずに「もやもや、イライラ」することが多いのですが、原因がわかれば対処できます。

「今とても幸せな人？」と研修の場でお尋ねすると、「ハイ」とすぐ手が挙がる人は三〇人中の一人か二人です。若い女性の場合「プロポーズされたのですか？」とお尋ねすると、かなりの確率で当たっています。

しかし、昨日プロポーズされた人も今日になり結婚式の打ち合せをしていると、経費や親戚の折り合いなどの不安材料が出てきて、「完全な幸せ」と言えない状態になります。多くの人が、人間関係、仕事の状況、経済事情、健康的な問題などの、何らかの悩みや心配事を抱えているのではないでしょうか？

ところが、「あなたの悩みは何ですか？」と尋ねられてもすぐ答えられない人が多いのです。

悩みや心配事の中には、時が解決するものもありますが、早く解決しなければ、問題が大きくなるものもあります。悩みによるストレスが原因で病気になり、病気になったことで、初めて悩みに気づくケースもよくあることなのです。それほど、私たちは日常生活の忙しさに埋没しているのかもしれません。

不安と不満

「もやもや、イライラ」の正体を見極める糸口として、不安と不満の違いを考えてみましょう。なぜならば「もやもや、イライラ」の正体は、不安と不満であることが多いからです。

お化け屋敷に入った時は、暗闇の中、何だかわからないけれども怖いものです。ところが、暗さに目が慣れて落ち着いて見て、仕掛けがわかれば、扉が開いて飛び出てきたのがただの作り物の人形だったり、首筋に触った気持ちの悪いものがコンニャクだったりで、「なーんだ、怖がることはなかった」とわかります。

国語辞典を調べますと、このように書いてあります。

「不安」──→気がかりで落ち着かないこと。心配なこと。安心できないこと
「不満」──→物足りなく満足しないこと。自分の思う通りにならず、面白くないこと

「不安」とは、「老後の生活が不安、年金がもらえるだろうか、それで生活ができるだろうか、仕事をしないで一日をどのように過ごせるだろうか、病気をしたらどうしようか?」など、まだ起きていない将来の自分が、期待（欲求）を満たされないように感じることです。

そして、「不満」は「仕事の成果を認めてもらえない、給与が十分でない、夫が家庭のことを考えていない」など、自分が望んでいる期待（欲求）に対して、現状が満たされてないことのようです。

不安不満を整理すれば、目標が見えてきます。たとえば老後の生活資金が不安であれば、まず、資金

チャレンジシート　11

将来に関しての不安リスト

1、

2、

3

4、

5、

現在の不満リスト

1、

2、

3

4、

5、

計画を立てることが必要になります。また、現状の人間関係に不満があれば、自分のコミニュケーションを見直すきっかけにして、人間関係の改善を目標にします。

では、実際にどのような不安や不満があるか書き出してみましょう。

さて、リストに挙げられたのは、どのような不安、不満（不足）でしたか?

夢と現実の間を埋める

最初に「夢」を思い出しました。次に、現実の不安や不満の奥にある欲求を整理しました。ここからは、具体的な目標を決め行動することです。この場合の目標は、行動すれば実現可能な目標にしてください。

なぜ、「目標目標と言うの?」と少し疑問に感じているあなたのために、前向きな目標思考のメリットを考えてみます。

前向きな目標思考のメリットを考えてみましょう

オーストリアの精神科医アルフレッド・アドラーは、アドラー心理学の創始者です。この心理学の特徴の一つに目的論があります。目的論とは何を目的に行動を起こしたかに視点を向けたものです。これとは逆に、「時間がなかったから」、「Aさんがダメだと言ったから」と、できなかった原因を探し、そこに視点を向けるのは原因論です。過去を向いた原因論に比べると、目的論は前に進むことができます。

快適に自分の人生を生きるために目的論に基づいて、目標思考のメリットを確認しておきましょう。

昨年の夏休みに阿蘇に行き、久しぶりに乗馬を楽しみました。

インストラクターから「乗せてもらうのではなくて、自分が馬を動かす気持ちになることが何より重要です。そのためには馬の頭ではなく進行方向を見てください」と指導されました。「馬の頭が気になると思いますが、車の運転でも自転車の運転でもハンドルばかりを見ていると事故に遭うでしょう」とも言われました。

確かにそうだと納得して白馬に乗り、しばらくは快適な乗馬を楽しみました。ところが、二〇分くらい経過したところで、馬が畑に張られた害鳥よけの光るリボンに驚き、突然コースを外れて勝手に引き返そうとしたのです。

振り落とされるかもしれないという恐怖もあり、「何で言うこと聞かないの」と馬の頭と手綱ばかりを見てしまい、進行方向を見る余裕をなくして右往左往してしまいました。

乗馬は落馬などの危険がつきものですが、練習を繰り返し巧く乗れるようになれば、とても快適です。迷わず、戸惑わずに前に進むためには、思い通りにいかない時こそ、目標を自覚して見すえることは重要で、同時にそれはとても困難なこととも実感しました。前向きな目標主義の最大のメリットは、自分の人生の進路を自分で決め、手綱を自分で持つことができることです。

ここで、一つ注意があります。「私ってこんなもの」と自分を責めたり嫌いにならないことです。たとえ、どんな私でも、その私が私を受け入れないと次には進めません。では、この章の目的である、夢と現実の間を埋めるための一歩になる目標を立てましょう。

チャレンジシート　12

後ろ向き原因思考	前向き目標思考
1、過去にさかのぼる	1、未来に向かっている
2、悲しく苦しい	2、楽しい
3、暗い	3、
4、人生の被害者	4、
5、他人に振り回されている	5、
6、受動的・受身	6、
7、益々落ち込む	7、
8、犯人捜し	8、
9、周囲の人も不幸な気分にする	9、
10、エネルギーを消耗する	10、

目標としたいものが、人間関係の不満であれば、「第四章　人間関係を豊かにする」で、また健康に関しての不安をお持ちの方は、「第五章　からだと会話する」で、将来の生活、定年後の年金が心配などの経済的な不安をお持ちの方は、「第六章　老後の生活資金を考える」でお伝えしていますので、その章で解決のための目標を設定しましょう。

目標は期限つきで設定しましょう

全国ショッピングセンター協会の主催で毎年接客コンテストがあります。

博多駅デイトス商店街では、毎年接客研修を行い、その中から優秀な三名を選び、九州大会に出場させます。三名の代表者は、九州大会までの約一カ月間、それぞれの課題（笑顔を身につける、姿勢を正して立ち居振る舞いに配慮する、お客様にわかりやすく伝えるために商品知識を深める）に取り組みます。週に一回の研修と日々の業務の中で自主トレーニングをします。

九州大会直前に最後の研修をいたしますが、私はこの時ほど人間の成長の素晴らしさを感じることはありません。「代表として大会に出る」という期限付きの目標が意識を高め、潜在能力を引き出すのです。このことからも、目標には期限を決めることが必要だと思います。

九州の接遇レベルが高いのもあり、私が指導した出場者も全国で一位・三位・新人賞と毎年優秀な成績を収めています。

日本が誇る宇宙飛行士の一人、若田幸一さんが婚約した時のインタビューで、今は奥様のドイツ女性が、「彼の魅力は、夢に向かって目標を着々とクリアしていくこと」と答えていました。目標をクリア

チャレンジシート　13

	内　容	達成までの期間
第一目標		
第二目標		
第三目標		
第四目標		
第五目標		

することは、夢への一里塚のようなものと確信した言葉でした。

夢を実現するには、ゴールに到るまでのハードルを越すように、過程ごとの具体的な目標をつくることが必要です。明確な目標さえ持てば、五年以内に八〇％の確率で実現することを思い出してください。

成功体験が次の目標設定の時に自信になります。第一目標は、欲張らずに小さな目標にしてみましょう。それが達成すれば第二目標です。

最初の一歩を踏み出す

自分で決めている自分の運命

わかりにくい自分の心を分析する手法に、「交流分析」という実用的な自己分析があります。この「交流分析」をアメリカから導入して日本で広め、心の病の治療に使ったのは、日本で最初に心療内科を九州大学病院につくられた池見《いけみ》酉次郎《ゆうじろう》名誉教授です。その池見先生と共同研究をされ、共著で本を出されている杉田峰康先生の「交流分析講座」に受講生として参加していた時のことです。

講座が始まるや否や、杉田峰康先生が受講者に、「今から年齢を言いますので、自分が生きると思う年齢の時に手を挙げてください」と唐突におっしゃいました。一瞬「そんなことわかるわけないわ」と思う私の気持ちに反して、「四〇代?」、「五〇代?」と矢継ぎ早に質問なさいます。

驚いたのは、各年齢に手を挙げる人がいらっしゃったことです。

かくいう私も「そんなことわかるわけないわ」と思いながら「丈夫ではないけれども健康には一応気をつけているし、易学の占いでは長寿と言われたから、平均年齢の八四歳くらいまでは生きることができる」と思い直し、その後、少し遠慮して「七〇代」と尋ねられた時に手を挙げました。

「四〇代で早死する人?」に手を挙げた人は、「なぜ?」という先生の問いに「家系に早死の者が多いので、私も早死すると思っています」と答えました。

交流分析によりますと、私たちは無意識に自分の「人生の脚本」を書いてその通りに生きている(演じている)といわれるのです。

一般的に意識と総称される意識は、意識と無意識に分かれ、氷山にたとえられます。氷山の海上に見える部分の「意識」は顕在意識ともいわれ、自分で自覚していて行動にも表し、他者にも見えやすいものです。一方、氷山の海中に沈んだ見えない部分にあたる「無意識」は潜在意識ともいわれ、自覚しにくく、見えにくいものです。意識の多くが海中にある無意識によって占められるのです。

自分の意志で退職願を提出しておきながら、引きとめられるのを期待したり、恋人に別れ話をしながら、相手には「別れない」と言って欲しいと願うのは無意識の力です。

生涯を賭けて「心」を研究した心理学者のグスタフ・ユングでさえ、晩年になって「無意識は無意識なんだよ。どうしようもなく無意識なんだ。だからわからない。だけど、無意識に何があるかヒントは見つけることができる。間接的にね」と言ったほどわからないものです。

このヒントを見つける質問にあたるものが、杉田先生の「いくつまで生きると思いますか?」という質問だったのです。

無意識は現実を引き寄せるといわれます。早死すると脚本を書いた人が健康に留意することは少なくなると思えます。「健康で長生きしたい」と目標を立てても、目標は達成しないのです。意識と無意識が相反しないように、人生脚本を書き直す必要があるのです。

「楽しく幸せな老後」に向かい、最初の一歩を踏み出す時に、私たちの生き方に強く影響を与える無意識について考えてみましょう。

意識と無意識をイメージの力で結びつけよう

人生脚本を書き直した後、行動に移しやすくするのがイメージの力といわれています。私は、イメージすることは、無意識と意識を繋ぐものととらえています。イメージとは現実にはないものを、脳の中でつくることです。

解剖学者の養老猛先生によると、この世の中の「人工の物」は、すべて人間の脳がイメージしてつく

り上げたそうです。一三万年前に生存されたとするネアンデルタール人は、雪の中を裸で生活しても平気だったそうです。しかし、それより一〇万年後のクロマニヨン人は非常に寒さに弱く、寒さを防ぐために最初に創造（イメージ）したのが「針」、そして次にその針を使って「動物の毛皮からつくった服」をつくったのだそうです。

何万年もの間、人間は衣類、食器、家、家具、調理道具、調理方法と、まずは「衣・食・住」に関するものを創造し続け、船をつくり飛行機までつくり、ロケットで月に行くことさえできるようになったのです。すべて、最初は人間の「〇〇があればいいな、〇〇したいな」という欲求を叶えるべく、脳の中でのイメージから始まっているのです。

イメージは鮮明であればあるほど、身体が動く（行動に移せる）そうです。

研修において、イメージを明確にするために、将来の夢や目標を絵にしていただくことがあります。皆様もぜひ、書いてみてください。

目標を書いてみる

目標のイメージを描くことは、様々な効用があります。

勉強仲間のHさんは、美しい文字の感性豊かな文章を書く方で、彼女からの便りが届くと幸せになります。十数年後に迎えるリタイヤの後は、趣味の書道を活かして、地域の子どもたちに美しくて正しい日本語を書けるように指導したいと、その目標を絵にしました。「つい、怠け癖が出るのですが、今まで より書道の稽古に、身が入るようになりました」とおっしゃっていました。

ある研修で、仕事と育児で毎日忙しくしていたTさんが、「目標を絵にしていて、子育てでなかなか叶えられない私の夢を描いていたのですが、子どもと一緒にすごせるのは後一〇年くらいと気づきました。後一〇年と思うと、疲れていても子どもに優しく接することができるようになりました」と、今しかできないことの大切さに気つく効用も報告いただきました。

夢の実現をイメージすることは楽しく、目標への真剣な行動を生みます。夢に確実に近づくことができるのです。イメージの力を利用しない手はありません。

最初の一歩を踏み出すためのタイムサイクル表

せっかく描いた目標を、絵に描いたもちにしないためには、行動するしかありません。目標を掲げて、

チャレンジシート　14

あなたの叶えたい夢が実現している様子を絵にしてみましょう。

例1　将来一戸建ての家が欲しいとすれば、近所の風景、門扉から玄関への庭の様子、玄関から居間への様子など、色や大きさ素材にいたるまで、細かく描く。

例2　英語を身につけるのであれば、旅行に不自由がない、滞在ができる、住める、仕事ができるのいずれを望んでいるかを明確にする。

例3　老後は、何かボランティアをしたいのであれば、できることのリストを挙げて具体的に料理、話相手、大工仕事、書道、パソコン指導、税金の計算など、その技術を磨く。

実現できなかった時の理由の第一位は「忙しかった」、「時間がなかった」です。第二章の「時間の使い方を把握しよう」を見直してください。実現に向けてのタイムサイクル表を新たに作成しましょう。

たとえば「本を読む時間がない」とよく聞きますが、通勤の待ち時間を利用すれば一日二〇分くらい無理なく読める人は多いでしょう。待ち時間や休憩時間などの隙間時間を効率よく工夫して、寝室の手の届くところに本をおくとか、バッグに軽い単行本を入れておくなどすれば、読む意志さえあればかなりの読書時間が取れます。

時間の重みを改めて考えてみると、一年の一%は約三・六日、時間にすれば八六・四時間です。

私の両親は月に二回ほど山歩きをしています。時折私も同行しますが、一回の所要時間は約三時間で、年間にしますと七二時間です。時間の割合は一年の一%にも満たないのですが、季節ごとの景色を感じ、おいしい空気を吸い、筋力を鍛え、ストレス解消にもなり、健康状態のチェックもでき、家族のコミュニケーションにもなる時間です。費用はほとんどかかりませんが、価値のある大切なひと時なのです。

また、一四年前より、三カ月に一回集まり食事をする友人たちがいます。ボイスコミュニケーションという講座を五カ月間一緒に学んだ友人六名です。歯科技工士、ボランティアに熱心な主婦、野菜料理教室の先生、味処の女将と多彩なメンバーに、ここ数年はご主人の医学留学に同行してきた中国料理の先生が加わりました。「四季の会」と名づけて四季を味わい、友情を深める会です。年に一回の旅行をするようになり七年が経過し、今年は中国への初めての海外旅行の計画が進行中です。

振り返りますと、この会も短いけれど貴重な時間です。歳を重ねた時に、楽しく思い出せる時間を積極的に過ごしましょう。楽しい老後を迎えるためには、いかに時間を使うかにかかっているように思い

チャレンジシート　15

一年のタイムサイクルを理想にするためには、1日のタイムサイクルをどのようにすごせばよいでしょうか？

ウイークデイのタイムサイクル表　　休みの日のタイムサイクル表

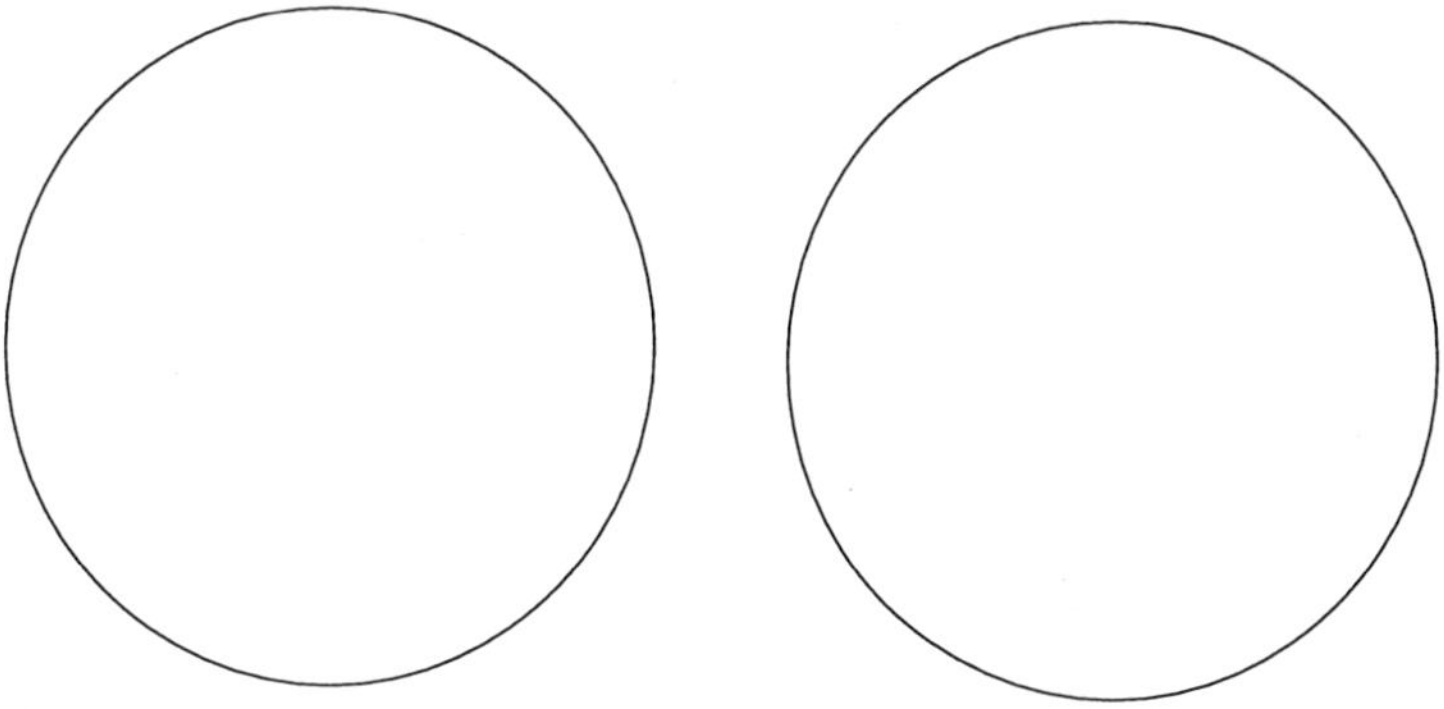

ます。

一、どこで手抜きをし、どこで集中するか考えて効率よく時間を使う工夫をしましょう

二、私にとって貴重な一％の積み重ねを意識して大切にしましょう

三、何気なく過ごしている時間の、隙間を有効に使いましょう

では、改めて「快適な老後」に向けてのタイムサイクル表を作成しましょう。

Q　タイムサイクルをどのように変えれば、目標を達成できますか

あなたの目標は、以前からやってみたかった趣味でしょうか。

健康づくりのためのエクササイズでしょうか？

家族旅行でしょうか？　それとも個人旅行？

パートナーとの出会いの時間でしょうか？

チャレンジシート 16

どのように使えば、あなたの目標が達成できるかを考え、理想の1年間のタイムサイクルを作成してみましょう。(30分は0.5時間、20分は0.3時間の単位で書き込んでみてください)

①毎日のこと	時　間	合計	%
睡眠時間	時間×365日＝		%
食事時間	時間×365日＝		%
洗顔・化粧など	時間×365日＝		%
家事	時間×365日＝		%
ＴＶ・新聞	時間×365日＝		%
その他	時間×365日＝		%

②月に数回のこと	時間と回数	合計	%
勤務時間	時間×　　回×12月＝		%
通勤時間	時間×　　回×12月＝		%
運動時間	時間×　　回×12月＝		%
趣味時間	時間×　　回×12月＝		%
時間	時間×　　回×12月＝		%
時間	時間×　　回×12月＝		%

③年に数回のこと	時間と日数	合計	%
旅行日数	24時間×　　日＝		%
その他	24時間×　　日＝		%
非日常的なことの合計			%
何をしているかわかっていることの合計	①＋②＋③＝		%
④何をしているかわからない時間の合計			**%**

④＝24時間×365日＝8760時間

資格を習得することでしょうか?
書いてみてください。

福岡県の宗像市役所は、いち早くゴミの一六分別を始めた先進的な役所です。行政の様々な取り組みはモデルとして他市の見学が相次ぐ市役所でもあります。

その宗像市役所の唯一の女性部長城月カヨ子さんは、パワフルな勉強仲間です。管理職としての忙しい仕事をこなしながら、お菓子づくりや書道を教えるボランティアも精力的になさっています。また、週末は、自分自身が学ぶためのセミナーや、教室通いでスケジュール帳はびっしり埋まっています。拝見していると、仕事と家事にボランティア、そして趣味と、普通のサラリーマンの二倍のスケジュールをこなしています。その忙しさをこなせる秘密は、早起きのようです。

私たちに、唯一平等に与えられた時間を有効に使い、目標を達成しましょう。

自分と約束する

また、行動を強固なものにするために、「自分と約束」することも大切です。他者が約束を破ると、その人を信頼できなくなり、嫌いになるのと同様に、自分の決意は自分との約束ですから、その約束を破ると、自分が信じられなくなり嫌いになります。

目線は他人に向けられがちですが、他者より自分を信じられなくなることの方が、本当は悲しいことでしょう。自分が決心した自分との約束を果たせば、自分を好きになり、自信になります。もし「いつかしよう」と思うならば、そのまま何もしない間に、時間はすぐ経過してしまうでしょう。イメージを強い味方にして、自分と約束しましょう。

Q　時間の経過の早さについて、高齢の先輩方に尋ねてください。どうおっしゃるでしょうか？

目標を決めて、最初の一歩を踏み出すことが何より重要です。万里の道も一歩から。「快適な老後」に向かい、さあ行動を始めましょう。

「チャレンジジシート　17　目標思考の答え

	後ろ向き原因思考	前向き目標思考
1	過去にさかのぼる	未来に向かっている
2	悲しく苦しい	楽しい
3	暗い	明るい
4	人生の被害者	人生の責任者
5	他人に振り回されている	主体性がある
6	受動的・受身	行動的
7	益々落ち込む	元気が出てくる
8	犯人捜し	恋人探し
9	周囲の人も不幸な気分にする	周囲の人も楽しくなる
10	エネルギーを消耗する	エネルギーが湧いてくる

第4章
人間関係を豊かにする

快適な老後に人間関係は欠かせない。
相手と自分との関係を「ＯＫ牧場の図」にあてはめ、
「私はＯＫ・あなたもＯＫ」の状態を目指そう。
相手に関心を持ち、「あなたもＯＫ」にしよう。
プラスストロークをプレゼントしよう。
人間関係は勝ち負けではない。
「ＯＫ・ＯＫ」の議論をしながら、
お互いが折り合い、歩み寄ろう。

一人では生きられない

支えられて生きる

疑似老人体験をした後、「帰宅して妻に優しい言葉をかけます」とか「友人を大切にします」とアンケートに書いている人がいました。接客対応の向上を目的にした体験ですが、一人では生きていけないことや、周りの人に支えられて生きていることを実感されたのだと思います。

豊かな人間関係を抜きに、楽しい老後は考えらません。

「もし、望むものが何でも得られるとすれば、何が欲しいですか？」と研修の中でお尋ねすると、「いい友人、恋人、パートナー」という答えが多くを占めます。

そういえば、あるグループ会社の支店長が「H本部長のためだったら、死ぬことができる」と、まるで任侠の世界のようなことを言っていたのを思い出します。会社で困った立場におかれた時にかばってもらったことがあるそうです。その本部長の話題が出るたびに言われていましたので、記憶によく残っています。それだけ、自分を理解して味方になってくれる人は得がたく、人生を生きるうえにおいては重要なのでしょう。

人間関係が出発

福岡空港の館内放送を指導された宇野由紀子さんは、アナウンサーでもあると同時に、プロのアナウンサーの養成や一般の方を対象に「話し方教室」も主宰なさっています。宇野さんによると「話し方教室」にいらっしゃる方の多くは「人間関係を学びにいらっしゃる」そうです。宇野さんは「人間関係を円滑にいかせたいと思った時から何かが変わっている」ともおっしゃいます。

企業を退職する理由も人間関係（一番が上司との関係、二番が同僚との関係）が多く、新聞の相談コーナーも、ほとんどは人間関係の悩みです。どんなに卓越した能力や技術も、人間関係をスムーズにするコミュニケーション能力がなければ、その能力や技術を活かせません。

この章はチャレンジシートを活用して、人間関係をより豊かにするためのコミュニケーションのトレーニングをします。具体的な相手をイメージして、チャレンジシートに挑戦してみてください。きっと何かが変わってくるはずです。

相手との関係を考える

人間関係四つのパターン

次の図は、「ＯＫ牧場」と名づけられた、私（Ｉ）と他者（ＹＯＵ）との多種多様な人間関係を四つのエリアでわかりやすく説明したものです。

四つのエリアを分けるラインが、さながら牧場の柵のようで「ＯＫ牧場」と名づけられました。私

（Ｉ）と他者（ＹＯＵ）とのやり取りの中で、心のエネルギーを自己分析する「交流分析」の考え方から生まれました。

豊かにしたいとイメージした相手との関係が、どのエリアなのかを考えてみましょう。

ＯＫとは、自分に対しても他者に対しても肯定的な態度のことを表します。「Ｎｏｔ　ＯＫ」とは、自分に対しても他者に対しても否定的な態度のことを表します。

ＯＫとは自分や相手に対して安心している、信じている、正しい、巧くいく、優れている、役に立つ、良い、強い、楽しいと感じている状態です。

「Ｎｏｔ　ＯＫ」とは自分や相手に対して信じられない、不安、巧くいかない、失敗する、ダメ、無知、不器用、弱いと感じている状態です。

①のエリアは、「私はダメ・あなたはＯＫ」という人間関係です。ダメな私が、ＯＫな相手に振り回わされ自己を出せない状態の人間関係です。

②のエリアは「私もダメ・あなたもダメ」。人間関係は糸口がなくて成り立ちません。

③のエリアは、「私はＯＫ・あなたはダメ」です。ＯＫの私にダメな相手が従っています。①と立場が反対の人間関係です。

④のエリアは「私はＯＫ・あなたもＯＫ」で、人間関係は良好です。幸せな老後にするために、私たちが目指す人間関係です。

さて、あなたと相手のパターンはどのエリアが中心でしょう。②のエリアの「私もダメ・あなたもダメ」はさしずめ引きこもり状態です。登校拒否も含め、引きこもりの人数は一〇〇万人とも推定されて

あなたはOK
相手をいいな、正しいと感じている度合い

①私はダメ・あなたはOK
そこから逃げていく態度（自閉・逃避）
消極的、逃避的、劣等感、責任回避、自信喪失、自主軽視
感情　不安、罪悪感、憂鬱、恐れ、悲しみ

④私はOK・あなたもOK
健全な態度（共同・強調）
健康的、建設的、発展的、協同的、寛容、信頼、自己実現、人間尊重
感情　喜び、充実感

私はダメ
自分をダメ、イヤ、間違っていると感じている度合い

私はＯＫ
自分をいいな、正しいと感じている度合い

②私もダメ・あなたもダメ
どうしようもない態度
拒絶、閉鎖、ある価値を失ってしまった人、あきらめ、無力感、不信感
感情　無感情

③私はOK・あなたはダメ
相手をやっつける、排除する態度
野心家、ワンマン的、偏見が強い人
感情　怒り、イライラ、焦り

あなたはダメ
相手をダメ、イヤ、間違っていると感じている度合い

人間関係の４つのパターン（ＯＫ牧場の図）

いますので、日本の人口の一二〇人に一人が他者との関わりを拒否して、自室にこもっている「私もダメ・あなたもダメ」の状態です。

①と③の人間関係は、私か相手のどちらか一方が「Ｎｏｔ・ＯＫ」の状態で我慢しています。このケースの場合は、力関係が変化した時に、我慢している相手が離れていく可能性があります。

人間関係と力関係が変わる時

例１　先輩社員と新入社員↓新入社員が成長し能力が身についた時

例２　親と子ども――↓子どもが就職し経済力を持った時

例３　上司と部下――↓上司が退職し権限を失った時

例４　夫と専業主婦――↓夫が退職して収入がなくなった時

かりに、親が子どもの個性を押さえつけて育てていて、子どもが親から「Ｎｏｔ　ＯＫ」されていると感じていれば、経済的に親の庇護を必要としなくなった時に子どもは離れていきます。また上司と部下の関係も同じで、役職の力で人間関係を築いていると、退職したと同時に人は離れていくでしょう。夫婦の関係も同様です。一昔前の男性が専業主婦の妻に対して「食わせてやっている」と言っていたのも、妻に対して経済力を使っての「Ｎｏｔ　ＯＫ」の言葉です。退職と同時に離婚届が出されるケースの多くは、経済力だけの関係だったからです。また、夫のわがままに我慢していた妻が病弱になった夫に対して、チクリチクリと復讐するのも、力の変化がさせるのです。

例として親と子の力関係の変化を円の面積で見てみましょう

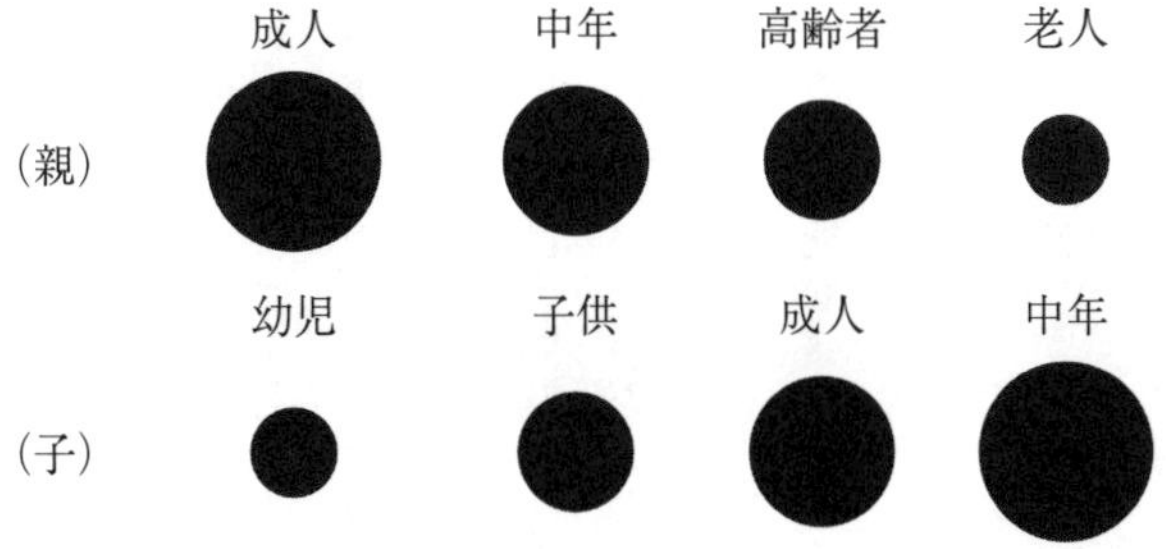

良好な人間関係はパワーの勝ち負けではなく、④のエリアである「私はＯＫ・あなたもＯＫ」の状態が理想です。

この五〇年間で、平均寿命は二三年間も延び、第二の新婚生活といわれる、子育て終了後の、夫婦の生活年数も約二一年間長くなっていて、昔は考えられなかった力の変化が起こっています。

良好な人間関係は、力の強弱ではなく、私もＯＫ・あなたもＯＫの④のエリアの状態です。老後の人間関係を考える時、時間の経過と共に人間関係が変化することを忘れずに、理想の状態を目指して進みましょう。

人間関係と心のふれあい（ストローク）

人間関係のコミュニケーションは、言葉と態度で成り立っています。この言葉と態度による「心のふれあい」を、心理学ではストロークといいます。

ストロークとは、「なでる」、「さする」という意味があり、生活の中で、「スキンシップ」や「言葉や態度によるコミュニケーション」で生まれます。ですから、心地よい「プラスストローク」と不快な「マイナスストローク」に分かれるのです。

人間は、寝る、食べるなどが満たされれば生存できます。しかし、人と人の交流のパターンから自己分析する交流分析では、「人と人のふれあいがないと人間は生きていけない」とされています。これは生物としての生存ができないということではなくて、人間関係がなければ、人間として生きていけないという意味です。

私たちは基本的に心地よい「プラスストローク」を求めています。誰しも選択が可能であれば、当然のように「プラスストローク」を求めるでしょう。もしも何かの事情で、「ストロークがない」か「マイナスストローク」のいずれかを選ぶとすれば、「マイナスストローク」より「ストロークがない」方を選択することでしょう。

しかし、人には人間関係が食物と同じくらい不可欠であるという、交流分析の前提が正しいとすれば、空腹であれば腐ったものでも食べるように、「マイナスストローク」の人間関係を求めることになります。

私たちが、人とのふれあいなくしては生きていけないとすれば、人間関係の良し悪しは、お互いが、いかに心地よい「プラスストローク」を出しあえているかどうかで決まります。

もし、私が相手にプラスストロークをたくさん出していれば、相手もこちらにプラスストロークを出しやすくなるのです。つい相手の言動には目がいきますが、その前に「自分の相手への関わり合い方」をチェックしてみる必要があります。

心地よいプラスストロークの言葉と態度

挨拶
話を聞く

ほほえむ
視線を合わす

情報を知らせる
話を聞く

名前を呼ぶ
触れる、接触する

不快なマイナスストロークの言葉と態度

返事をしない
怒る

皮肉を言う
嫌みを言う

情報を流さない
かげぐちを言う

視線をそらす、無視
無関心

無条件のプラスストロークが本物

生きるために必要なストロークには、条件つきのものと無条件のものがあります。条件付きのプラスストロークとは、自分の得になるか、もしくは得をすることができるかで、相手に対してプラスストロークを出すことです。権力や名声、お金を持っている人に近づく場合には、この心理が潜んでいることもあります。

一昔前になりますが、結婚相手の条件として、「三高」と言われたことがあります。「高学歴、高収入、背が高い」が三高なのだそうです。「三高ならば愛してあげる」とは典型的な条件つきのプラスストロークです。かりに、この条件で結婚したとするならば、夫が仕事を失えば、条件が満たされなくなります。また、「成績が上がれば、……してあげる」、「お手伝いしてくれるから、大好き」なども条件つきのプラスのストロークです。

条件つきのプラスストロークが続くと、どこかで人間は嫌になるといわれています。「子どもの時はいい子だったのに……」と言われる人は、条件に応えることが嫌になったのかもしれません。

「成績は悪いけれども、可愛い我が子。愛しているよ」、「収入は少なくても、あなたの生き方が好き」などが無条件のプラスストロークになります。

このストロークの話をしますと、「子どもを条件つきのプラスストロークで育てていた」と言われる方は予想以上に多いものです。

「平成の鬼平」の異名を持つ弁護士中坊公平さんは、典型的な無条件のプラスストロークで育てられた方です。中坊公平さんのお母様は、一六歳まで治らなかった夜尿症を一度も叱ることなく、成績がよ

BANK
BANK
BANK
BANK
BANK

ければ「天才」と言い、悪ければ「問題の出し方が悪い」と言い、中程度の成績であれば「人間は中庸の徳が一番」と言われたそうです。無条件のプラスストロークが人を育て信頼を生みます。豊かな人間関係を築く、本物のＯＫといえるでしょう。

最近は女性の望む条件も、三Ｃ（comfortable＝充分な給与、communicative＝価値観とライフスタイルが同じ、cooperative＝家事への協力）と変化しています。三高は相手に望むだけのものでしたが、三Ｃは良好な人間関係をつくりたいという意志が見受けられます。これは若い女性が「ＯＫ・ＯＫ」の関係の大切さに気がついたからでしょう。

本物のＯＫのストロークについて知っていただいたうえで、具体的な「私はＯＫ・相手もＯＫ」のコミュニケーションの実践に進みましょう。

気持ちを伝えて、「私はＯＫ」を表現する

気持ちを伝えるトレーニング

相手に言いたいことがあっても、言うと気まずくなりそうで我慢した後など、益々気まずくなることがありませんか。

本当の気持ちは、「私はＯＫ・あなたもＯＫの良好な人間関係を築きたい」のにです。自分の気持ちや考えを言わないのは、「私はダメ、Ｎｏｔ　ＯＫ」の状態です。

もちろん、単に言いたいことを言えばいいというわけではなく、言葉の選び方や言い方があります。

「私はＯＫ・あなたもＯＫ」の関係になるための、「私はＯＫ」のトレーニングが必要です。

自問自答する

本当の自分の気持ちに気づき、メッセージすることは、簡単そうで意外と難しいことです。まずは、自分の気持ちを自問自答してみましょう。

ＮＨＫテレビの「ようこそ先輩」というシリーズで、腹話術師の「いっこく堂」が後輩の小学生に腹話術を教える番組が放映されていました。ご存じのように、腹話術とは、人形を持ち、一人二役で会話するものです。

その日のテーマは、人形に「日頃言いたいけれども言えなかったことを話させる」でした。子どもたちはお母さんに「勉強勉強と言わないで」や、先生に「宿題ばかり出さないで」、友達に「ありがとう」などとしゃべらせていました。自問自答をするためには、人形のような分身をつくるといいと思った番組でした。自分の気持ちに気づいて伝えることができれば、人間関係はより豊かになり、気持ちのよいものです。

アメリカの臨床心理学者トマス・ゴードン博

士が、親子の絆を深めるために提唱したプログラムに基づいて実施した筑波大学での実験です。

お母さんが読書をしている側で、子どもがCDラジカセで音楽を聞いています。この時の親の言葉で一番多いものが、「うるさい」と「消して」でした。

「あなたがうるさい」「あなたが消して」と相手の行動に対して発する言葉を「あなたメッセージ」といいます。この「あなたメッセージ」を言われた相手は、否定（Ｎｏｔ　ＯＫ）されたように感じて不快になります。一方、「私は静かに読書を楽しみたい」という自分の気持ちから発言する言葉を「私メッセージ」といいます。

このケースで「私メッセージ」を発すると、子どもは「音を小さくする、他の部屋に行く、ヘッド・ホーンをつける」などの協力的な行動を取ったそうです。

私メッセージの具体例

例　夫が帰宅すると必ず嫌味を言う妻

妻の本当の気持ちは「早く帰って私を時にはかまって欲しい」

例　子どもが少し遅く帰宅すると必要以上にガミガミいう母

母の本当の気持ちは「心配なの。あなたに元気でいて欲しい」

例　部下を叱りつける上司

「社会人としては、これくらいの仕事はできる君でいて欲しい」

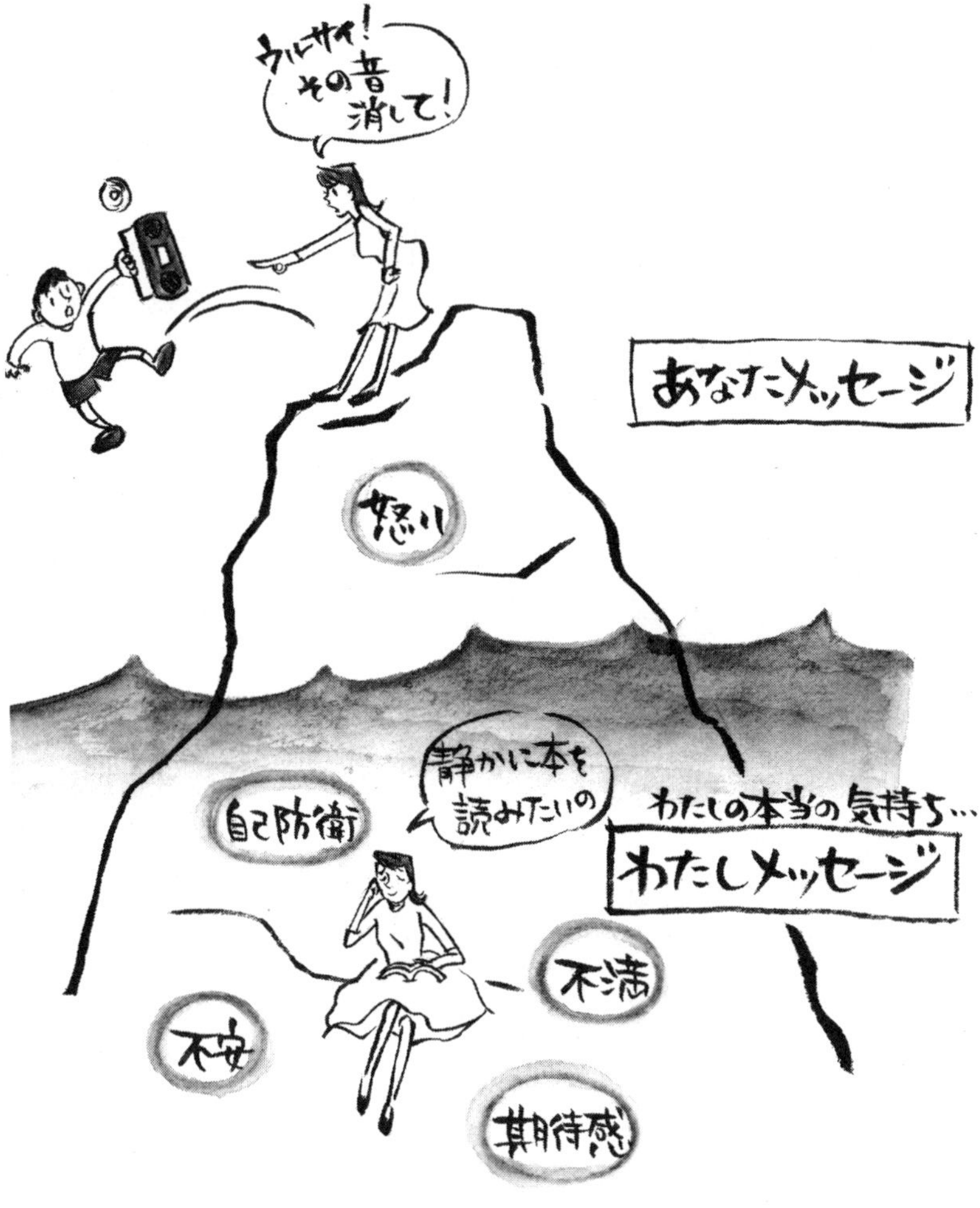
ウルサイ！
その音
消して！
あなたメッセージ
怒り
静かに本を
読みたいの
自己防衛
わたしの本当の気持ち…
わたしメッセージ
不満
不安
期待感

どのケースも本当の私メッセージは、相手に対する自分の希望や願望などの期待です。素直に「助けてちょうだい」と言えば、相手が変わるのです。

Q　今一番、誰に何を言いたいですか？

誰に……

何を……

怒りのコントロール

怒りの感情が湧くと、非難したり、責めたりしてしまいます。本当の気持ちは相手に対する期待感からなのですが、あなたメッセージを言ってしまうと決裂してしまいます。豊かな人間関係を築くためには、私メッセージをいう前に怒りの感情を巧くコントロールしましょう。

スタンフォード大学医学部では、心臓発作を起こした患者を対象に、怒りをコントロールするトレーニングをしました。その結果、トレーニングを受けた人は、トレーニングをしなかった人に比べて二回目の発作を起こす確率が四四％も低下したそうです。怒りはマイナスのエネルギーを増幅しますので、自分の心身の健康のためにも、怒りをコントロールしましょう。

怒りのコントロールには、まず深呼吸して、怒りの言葉を喉元でストップします。そして、「口を広く前に一から一〇まで数える」これをジェファーソン効果といいます。アメリカの一三代大統領トーマス・ジェファーソンが実践した怒りの対処法です。気持ちが落ち着いた頃で、私メッセージを言います。

チャレンジシート　18

大切な人や今問題を生じている人がいれば、その人をイメージして、その人に本当に言いたいことを整理してみましょう。

1、相手に対して、どのような時にコミュニケーションが巧くいかないかを考える。

2、その時の自分の感情を言葉にしてみる（怒り、寂しさ、惨めさ不安)。

3、相手に私が要望する本当の気持ちを考えてみましょう（自問自答)。

4、相手に私メッセージを伝えるセリフを書いてみましょう。

5、相手に対して、怒りなどの衝動が起きそうな時が正念場です。まず、「ストップ」と自分に言い聞かせ、深呼吸を３回しましょう。

6、相手に私が要望する私メッセージを言ってみましょう。

私メッセージを作成する

私メッセージを作成するにあたって、事前に考えておくことがあります。

一、相手に対して、どのような時にコミュニケーションが巧くいかないかを考える

二、その時の、自分の感情を言葉にしてみる（怒り・寂しさ・惨めさ・不安）

三、相手に私が期待する本当の気持ちを考えてみる（自問自答）

一、二、三、を考えた後に、私メッセージを伝えるセリフを作成します。

私メッセージのセリフ作成ステップ

ステップ１　自分が対応している相手の行動の状況を具体的に言う

ステップ２　状況や相手の行動に対する自分の気持ちを表現する

ステップ３　相手に取って欲しい行動・解決策・妥協案などの提案をする

ステップ４　ＯＫかＮＯの予測をする

ステップ５　相手の答えによりステップ１に戻る

私メッセージの例

例　夫を早く帰宅させたい妻のケース

「毎日午前様のあなた（状況）を見ていると、とても健康が心配なの（自分の気持ち）。それに、いろいろ話したいことや相談したいこともあるのに、会話の時間もなくて、とても寂しい思いがしている

ステップ1
状況
ステップ2
自分の気持ち
ステップ3
提案
ステップ4
OK・NOの
予測

（自分の気持ち）。健康のためにも週に二日（一日だけでも）ほどお付き合いを減らせないかしら（解決策の提案）。このままじゃ結婚生活も意味がないように思えそう」

例　子どもを早く安全に帰宅させたい母のケース

「○○ちゃん、最近物騒でしょ。真っ暗になるまで連絡もなく帰宅が遅いと（状況）、ママ心配になるの（自分の気持ち）。五時以降になる時は必ず電話入れてくれないかな（解決策の提案）。遅くなる時はママ迎えに行くし、もし、事故に遭ってからじゃ遅いでしょ」

例　部下が納得する上司の言い方

「○○さん、君が入社してもう一年になるよね（状況）、もうそろそろ、この仕事を任せたいのだが、先日もミスがあり私の指導の仕方が悪いのかと反省しているところだよ（自分の気持ち）。どうだろう、もうすぐ後輩も入社することだし、その教育をしてもらう意味でも頑張って欲しいと思っているのだが（相手に取ってほしい行動）」

このコミュニケーション方法は親業訓練といい、最初はゴードン博士が「親としての役割を効果的に果たすため」に開発したものです。親業訓練は四三カ国に広まり、上司と部下の関係を学ぶ「リーダー訓練法」や教師の生徒に対する指導法を学ぶ「教師学訓練法」や人間関係改善のコミュニケーション方法として発展しています。トマス・ゴードン博士は「心理学を人々に贈った」人として、一九九七年より一九九九年まで、ノーベル平和賞にノミネートされています。

「あなたもＯＫ」を伝える

「大切な人」のことをどれだけ知っていますか？

私もＯＫの次は、「あなたもＯＫ」です。あなたもＯＫは、相手が心地よく感じる言葉、態度を出せばいいというものではなく、相手にあわせて発信することが必要です。そのためのトレーニングです。あなたＯＫに大切なことは相手に関心を持つことです。第二章の人材リストから、私の人生に重要なベストテンの人を選んでください。その人についてどれくらい知っているか書いてみましょう。

以前、レストランに勤務していた折、お客様の誕生日に「おめでとうございます。プレゼントを用意しています」と電話をしていました。ところが、五人に一人は「え！　忘れていた」と言われるのです。「家族も忘れているよ、秋月さんありがとう」と言われて、営業の一環として電話をしていた私は何だか照れくさく、面映い思いをしたことを覚えています。

大切な人とはいえ、つい忘れがちなことです。そのことがあって、私は大切な人の誕生日は忘れないように、毎年年が変わり手帳を変えるつど、誕生日を転記するようにしています。しかし、誕生日よりもっと大切なのは、その人が何を大切に思っているかを知ることでしょう。

さて、あなたは大切な人の「大切に思っていること」を書くことができましたか。「お金、名誉」または「家族、誇り、仕事、会社、ペット、趣味」と人により様々でしょう。知っていて当たり前のよう

チャレンジシート　19　大切な人ベスト10リスト

	名　前	誕生日	趣味	大切なこと
1				
2				
3				
4				
5				
6				
7				
8				
9				
10				

で、意外と知らなかったりするものです。

ポイント1　大切な人に関心を持つ。その人をしっかり見ると、わかってくることがあります

ポイント2　大切な人の大切にしていることを知る。知らない人は、今からでも遅くありません

ポイント3　大切な相手にプラスストロークを出す

「あなたの親友は何人、その名前は?」と質問して、挙げられた名前の人に同じ質問をするTV番組がありました。結果はかなり残酷なもので、こちらが親友と思っていても、相手がそうは思っていないケースが多く、双方お互いが親友と思っているのは全体の二〇%くらいでした。自分が親友と思っている人が、そうは思ってくれていないとすれば傷つきます。「十人十色」という言葉がありますが、人は一〇〇人が一〇〇人違いますので、受けとめ方が人は皆違うのだと認識して、自分の「大切な人」というその気持ちを相手に向けて発信することが大切なのです。

挨拶はあなたOK

近所の人と会った時に、子どもには「挨拶しなさい」と躾《しつけ》ているけれども自分自身は挨拶をしないお母さんがいます。できているつもりでも、意外とできていないのが挨拶です。特に苦手な人や嫌いな人に対しては、心のわだかまりからタイミングを逸したりします。

管理職に長く在籍した方は、部下から「おはようございます」と挨拶されることに慣れてはいても、

ご自分は「ウム」などとうなずくだけで、受けとめてはいても自分から挨拶することを忘れている場合もあります。挨拶は「あなたＯＫ」の表現です。自分から心を開いて、笑顔の挨拶をしましょう。

プラスストロークの言葉を重ねることは、ダブルストロークといい、ポイントが倍になります。また「お元気でした？」の問いには「はい」に加えて「お蔭さまで」と答えたいものです。立場に関係なく、コミュニケーションはキャッチボールのように双方向でやるから楽しいのです。まず自分からできているか自己チェックしましょう。

Ｑ　お礼を言っていますか？

役割演技の接客訓練で「これ、いただくわ」とお買い上げのお客様役に対して、「ありがとうございます」とすぐ反応できる人は意外と少ないものです。気持ちがあっても、表現しなければ伝わらないのがコミュニケーションです。「ありがとうございます」と言えているかどうか、自己チェックしましょう。

世界的な権威を持つ食品のコンクールでモンド・セレクション賞を受賞した銘菓「博多通りもん」の明月堂の教育担当者、秋丸由美子室長はお礼の達人です。お会いするたびに「先生、先日はありがとうございました」と言われ、「何でしたっけ？」と思うことがしばしばです。「先日の……」と言われて思い出し、益々秋丸室長が好きになります。室長とベストコンビの喜多合子《きたあいこ》店長の教育のたまもので、ス

チャレンジシート　20

挨拶に相手が喜ぶ一言をつけ加えてみましょう。

挨拶に何か一言加えてみましょう。より親しみを感じるはずです。

「おはようございます。　　　　　　　　　　　　　　　　　」

「こんばんは。　　　　　　　　　　　　　　　　　　　　　」

「お久しぶりです。　　　　　　　　　　　　　　　　　　　」

タッフが毎年、全国接客コンテストで上位入賞するのもうなずけます。

エレベーターの行き先のボタンを押してくださった人や、ドアを開けて待っていてくださった人に「ありがとうございます」と言っていますか。挨拶も、お礼もプラスストロークです。日常生活の中で、一番多いチャンスを見逃さないようにしましょう。

長所を見つける

私たち人間は好き嫌いの感情を持つ動物です。ところが周囲を見渡すと、好きな人が多い人と、嫌いな人が多い人がいます。その違いは他者のいい面を見ることができるか、できないかの違いです。

「嫌い」と一度思うと、嫌な面しか見なくなり、よい面があっても嫌な面に隠れてそれ以外は見えなくなってしまいます。

チャレンジシート　21

人間関係の中で、折り合ったほうが都合がよいけれども、何となくギクシャクしている人、苦手な人、嫌いな人を想像してください。

あの人の長所を挙げてみましょう。

1、

2、

3、

4、

5、

チャレンジシート　22

挨拶言葉に、誉め言葉が重ねられると、もらった相手のあなたへのストロークポイントはダブルになります。「チャレンジシート　21」の長所をさりげない誉め言葉にして、声をかけられますか。話し言葉で考えてみましょう。

1、

2、

3、

4、

5、

ここに二つの円があります。

A

B

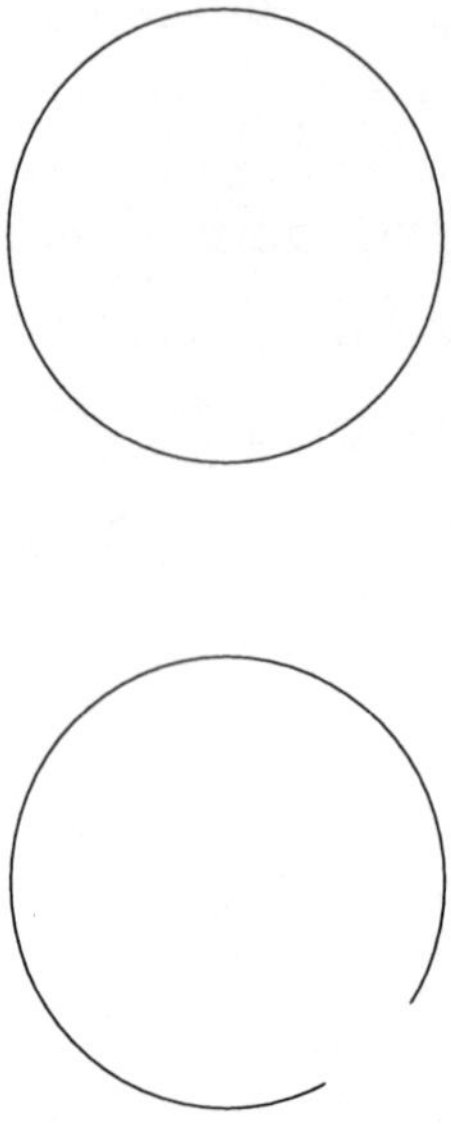

Aは完全な円ですが、Bの円は少し欠けています。どちらが気になりますか。ほとんどの人はBと言います。欠けている部分があると、そこだけを見てしまいがちです。人の欠点も同じで、そこだけが目についてしまいます。

ある山寺の掲示板に「人様の欠点がよく目につく。それがあなたの欠点」と書かれていました。人間関係を豊かにするせっかくのチャンスを活かすために、日頃気になっている人の長所を見つけてみましょう。

言霊の研修で、グループになり、自分以外のメンバーの長所をカードに書き込み、相手にプレゼントするというカリキュラムがあります。「自分が誉められた言葉のカード」を受け取った途端に、それまでニコリともしなかった方が、ニッコリなさいます。研修室の雰囲気が温かく変化する瞬間です。「誉めるなんて、恥ずかしい」と思われる日本男児は、「ありがとう」とか「感謝」とだけでも書いて渡してみませんか？

Q　あなたの眉間に、縦皺は入っていませんか？　YES・NO

もし、眉間に、縦皺があれば、それは冷ややかな目線で人を見ていたからかも知れません。私の眉間にも、縦に二本ありますので、他人のことは言えませんが……。これ以上深くならないように長所に気づく優しい目線（いい所を見る）を心がけましょう。

男性の眉間の皺は風貌としては渋い魅力です。しかし、ボディ・ランゲージ（身体言語）では、眉間の皺を「偽りの皺」と言います。アイディアが閃いたり、忘れていたことを思い出す瞬間は、「アッ！」と眉間が広がります。眉間に皺を寄せていると、一見さも考えているように見えますが、いいアイディアが浮かんでいるわけではないのです。

相手の意見を聴く

最大のプラスストロークは話を聴くことです。私たちは同じ考えの人と話せば安心しますし、好意を持ち、親しみを感じます。しかし、考えは違うけれども尊敬できる友人ができ、その考えを受け入れた時に、自分の考えや心の容積が広がることを実感するでしょう。大切な人だけでなく、苦手な人の言葉にも耳を傾けてみましょう。

聞き上手になるコツは相づちです。相づちは、話し手の話を聞いていることを示し、次の話を促すものので、「OK・OK」のコミュニケーションでは重要な役割を果たします。相づちの言葉を思い出して、タイミングのよい相づちの達人を目指しましょう。

自分の考えは自分のものとして、他者の話を聞いてみましょう。

聞く（Hear＝聞こえる）──→聴く（Listen＝聞こうと耳を澄ます）──→訊く（Ask＝尋ねる・求める）

話を真剣に聴くと質問が出てくるはずです。

聞く・聴く・訊くことのメリット
一、推測ではなく、事実が把握できる
二、情報・知識が増える
三、部分ではなくて、物事の全体像が見えてくる

思考の枠を広げるために他人の意見を聞くポイントの復習
一、自分と違う考えであっても、途中で話を妨げず最後まで聞く
二、目線を合わす
三、身体を向けて、うなずく（関心を態度で示す）
四、相づちを打つ（言葉と態度で助ける）

チャレンジシート　23

相づちの言葉を書き出してください。

1、確認 そうですね。そうですか。……ということですか。

2、同意 まったくその通りです。私もそう思います。同感です。

3、同情

4、関心

5、喜び

6、驚き

7、催促

8、疑問

9、反対

共感する

人間関係において大切なのは「思いやり」と「相手の立場に立つ」ことです。ところが言葉で言うのは簡単ですが、実際に「思いをやったり」「相手の立場に自分が立つ」のは容易なことではありません。映画やテレビのドラマを見ていて、悲しみや感動に涙する時は、ドラマの主人公に共感している時です。テレビのドラマの主人公は、直接の関係はありませんので、素直に共感できますが、身近な人の場合は、自我が働き意外と難しいのです。

自分自身が高齢になった時の気持ちを想像したことはありますか。もしあなたが高齢者と対応し、何らかの理由でその高齢者からお金を受け取る時に、相手が財布からお金を取り出すのに大変手間取ったとしたら、あなたはどのように思うでしょうか？

「のろのろしているな。年寄りとは付き合いたくない」

「年を取るとすべてがゆっくりになる。仕方がない」

「未来の私がここにいる。高齢者を大切にしよう」

想像の結果は様々だと思います。疑似老人体験をした二〇代の男性が「今までは、高齢者の対応をして、小銭を財布から出すのに手間がかかるのは自分に対しての意地悪と思っていた」とアンケートに書いていました。

高齢になれば握力や視力の衰えで財布から小銭を出すのが大変になりますが、想像したとしても、実感は伴いません。共感力がないと、なかなか理解できません。疑似老人体験により共感し、理解できると、対応の際のストレスが軽減する効果もありました。

理解とは──→自分が変わること
理解するために──→怖がらずに変わる
理解とは自分の行動が変わること

疑似老人体験の前と後では行動が変わります。電車やバスの中で、高齢者に積極的に席をゆずる人が四三・七％から七三％と三〇％も増えるのです。

折り合うことの重要性

人は違うことを理解する

最後は「私はＯＫ・あなたもＯＫ」の、折り合うコミュニケーションです。お互いのメッセージが同時に叶うことはありえないかもしれません。しかし、勇気を持って行動すれば、今までとは何かが変わってくるはずです。

「言ってもダメだから」と思っていた人が、「言ってみると、相手の態度が変わってきた」という場合も多く、その相手の変化に対して、自分の気持ちが変わることもあります。

最初から巧くいかなくてもがっかりしたり、諦めたりせずに、タイミングも考えて再度チャレンジしましょう。自問自答を繰り返しながら、お互いのメッセージを伝え折り合っていく。これが本当の「私はＯＫ・あなたもＯＫ」のパターンなのです。

右の絵がどのように見えるかお答えください。

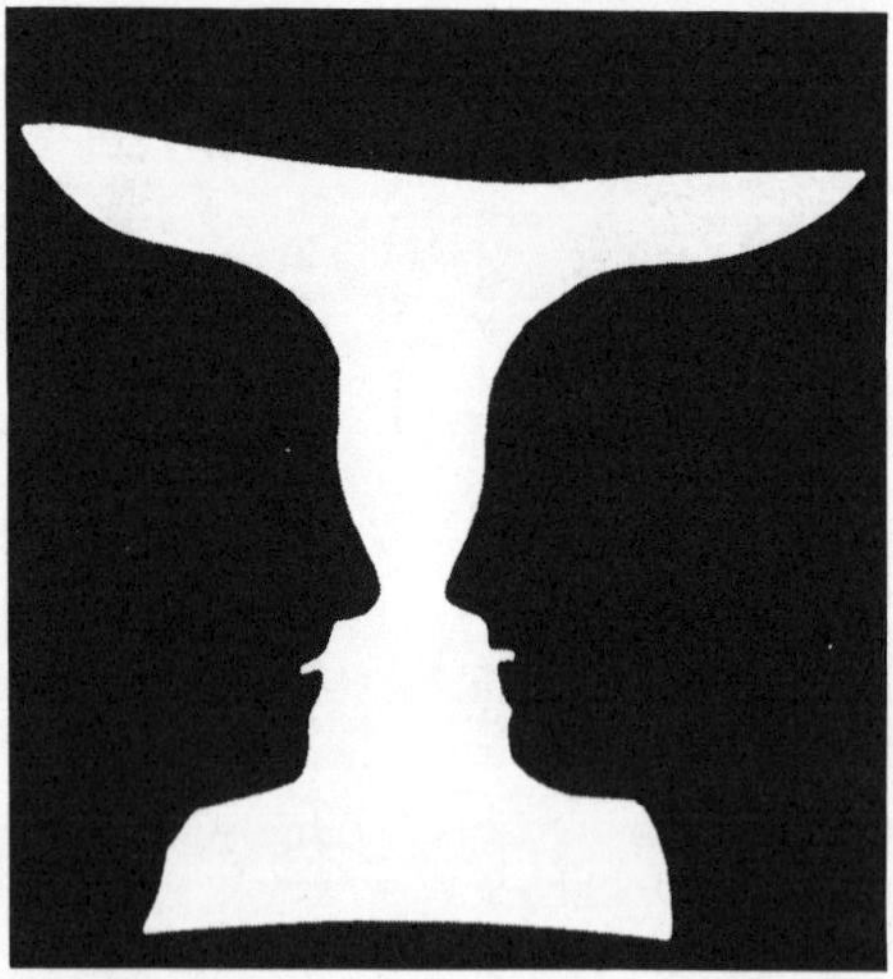

Q1　あなたは何に見えましたか?

これは投影法という「どのように見えるかで心理を分析」する時に使われる「ルビンの壺」という絵です。高い足のついた、フルーツ皿に見える人もいれば、グラスに見える人もいます。人間が向かい合っているようにも見えるはずです。またその向かい合っている人が「けんかしてる人」と思う人もいれば、「恋人同士」に見える人がいます。レールの断面図に見えると言われた鉄道会社の社員の方もいま

す。レールの上でいつも仕事なさっているからそのように見えるのでしょう。考えを固定せずに、様々なものに見えることを受け入れることが大切です。

では前頁の投影法の絵をもう一枚ご覧ください。

Q　あなたには、この女性の年齢は何歳に見えますか?

この絵のタイトルは「美女と老婆の絵」といいます。身近な人に見せて「何歳に見える?」と聞いてみてください。

いかがでしょうか。答えは何歳でしょう?

二〇〇〇人以上にこの絵をお見せしました。同じ絵を「年齢はいくつに見えますか?」とお尋ねすると、その答えは何と一〇代から八〇代までの広い幅になります。同じ物を見ても、人により違うように見える現実を理解いただけましたか?

続いて今度はAとB二枚の絵を見ていただきましょう。

『七つの習慣』『ファミリー七つの習慣』は世界のベストセラーになりました。作者スティーブン・R・ゴヴィー博士はその本で、アメリカの能力主義の陰で五〇年間忘れられていた人格の大切さを思い出させた人です。

スティーブン・R・ゴヴィー博士は、二枚の絵に関して大学で実験をしました。二つのグループに分けて、一つのグループは、Aの絵を見せた直後に、「美女と老婆の絵」を見せました。

もう一つのグループはBの絵を見た直後に、「美女と老婆の絵」見せました。

Aの絵を見た後に「美女と老婆の絵」を見ますと、若い女性に見えますが、Bの絵を見たグループは「美女と老婆の絵」は老婆に見えてきます。

なぜ、同じ絵なのに二〇代から八〇代までの幅広い年齢に分かれたのかをご理解いただけましたでしょうか。同じ絵を見ても、その前に見た絵により見えるものが変わってくるのです。今までおかれた環境が違うと、同じものでも違うものが見えてくるのです。

同じものを見ても、物事がどのように見えるかは、その人の知識や経験や概念、欲求、感情、環境（立場）で違ってくるというわけです。

Aの絵。明らかに若い女性にしか見えない絵

Bの絵。明らかに老婆にしか見えない絵

議論をして認識（ビリーフ）の枠を広げよう

「第一章　歳を重ねることと向き合う」でふれましたが、考えはその人の行動や感情を左右する、「快適な老後のため」の重要な要素です。「私はＯＫ・あなたもＯＫ」とするならば避けて通れないのが、この考え（認識）の違いを理解することです。

ここでいう認識とは、認知・認識・知覚・価値観・見地・考え方・ものの見方・判断基準・受けとめ方・捉え方・考え方など、その人が物事を理解して判断する基準になるものを幅広く意味しています。

私たち日本人は議論が苦手です。人と会話する時、当たり障りのない話で終わってしまうか、議論すれば突然キレてけんかをしてしまうかのどちらかになりがちです。

一方アメリカの教育では、ディベートといい、相手を説得するための議論の手法を学びます。二五年以上前から、討議の内容に点数をつけるカリキュラムが小学校でも取り入れられているのです。

たとえば、医者、妊婦、子ども、老人と役割が決められます。地球崩壊のため脱出する宇宙ロケットに乗り込む人をディベートで決めるのです。全員は乗れないとして、生き残りをかけて、自分の役割の必然性をプレゼンテーションするのです。アメリカ留学をした友人から、その話を聞いて驚いた記憶があります。ここでの議論の目的は、議論の勝負に勝つためのものではなく、お互いの認識や価値観を理解して、受け入れるためのものです。

仕事上では、当り障りのない話で、コミュニケーションをすることもあるでしょう。しかし、利害のない付き合いを豊かにするならば、「勝ち負けでない議論で」理解を深めることは大切です。

チャレンジシート24を実践してみましょう。

チャレンジシート　24

4つの、心のふれあいを妨害するような認識（ビリーフ）を挙げてみました。その認識について、「全くそう思わない」「ケースバイケースである」「強く思う」まで、5つの中からあなたの認識度合に○をつけてください。その根拠について、誰かと話し合ってみましょう。

認識　人に好かれなくてはならない

1	2	3	4	5
「全くそう思わない」		「ケースバイケースである」		「強く思う」

そう思う理由（＝根拠）

認識　失敗してはいけない

1	2	3	4	5
「全くそう思わない」		「ケースバイケースである」		「強く思う」

そう思う理由（＝根拠）

認識　人を利用してはいけない

1	2	3	4	5
「全くそう思わない」	「ケースバイケースである」			「強く思う」

そう思う理由（＝根拠）

認識　女は可愛くないとダメだ

1	2	3	4	5
「全くそう思わない」	「ケースバイケースである」			「強く思う」

そう思う理由（＝根拠）

できれば、一人より二人、二人より三人と、できるだけ多くの人に意見を聞いてみてください。多分、同じ意見もあれば、思いがけない意見もあることでしょう。次のことを注意して議論してください。
一、かりに全然違う意見でも、白紙の状態で、言葉を遮ったり批判せずに、相手の話を最後まで聴く
二、目線を合わせ、身体を向けて、相づちを打つ
三、怒ったり、怒鳴ったり、キレない（もちろん恫喝は駄目です）

Q　いかがでしたでしょうか。議論の感想をお願いします。

認識を広げるレッスンのメリット
一、自分の固定観念や思い込みに気づく
二、思考の枠が広がる（対応・許容ができる）
三、聞くことにより理解ができ、怒りが収まる

「べきだ」にとらわれない

たとえば、命を預かる病院においては、失敗は許されないでしょう。しかし、子どもや部下の教育にこの「失敗を許さない」とすれば、自己保身を優先にして、指示待ちの人が育ちます。認識は時と場合により柔軟に変化することが望ましいのです。

秋月オフィスの野元朋子は、家事が得意なきれい好きな女性です。夕食が鉄板焼きの日は、テーブル

だけでなく部屋中に新聞を敷きますが、彼女は「家の中はきれいに掃除されているべき」という強い認識を持っていました。そのため、家がスッキリと清潔に片づいていないとストレス状態に陥るのです。

私の仕事を手伝ってくれるようになり、出張が続いた時、家の掃除ができなくなりました。その時に、彼女の従姉で姉代わりの順子さんが「朋ちゃん、一〇日間掃除を我慢してみなさい。一度その埃に我慢できたら平気になるよ」とアドバイスしたそうです。その通りにして、今はめでたく「家の中はいつもきれいであるべき病」が完治し、安心して出張できるようになりました。

順子さんは特別、勉強をした人ではありませんが、生きる知恵を持った心のカウンセラーのような人です。その秘密は柔軟性にあるように思えます。料理も上手ですし、老後のグループホームでは一緒に住みたい人の一人です。

私たちがいかには多くの「ねばならない」や、「べきだ」の呪縛を持っているかを思い出してみてください。「会社はこうあるべきだ、上司はこうあるべきだ、部下はこうあらねばならない」。部下は、夫は、妻は、子どもは、友人は、恋人は、など。

「ねばならない、べきだ」の呪縛にとらわれないようにしましょう。「ＯＫ・ＯＫ」の人間関係になるには、自分の考えをしっかり持ちながら、相手を丸ごと受け入れることです。そして、思考・感情・行動が時と場合と相手により柔軟に、臨機応変に反応することで、豊かな人間関係が育まれていくのです。

Ｑ　「ごめんなさい」は言えていますか？

「悪かった」と反省しても、素直に「ごめんなさい」が言えないことがあります。しかし、「ごめんなさい」言えた時は、「私もOK・相手もOK」の実感があります。反省した時はもちろん、「私は悪くない」と思っている時も、気まずさを解消したいなら「ごめんなさい」と言ってみましょう。

心の貯金箱の五つの経済法則

人は心の中に「プラスストローク」と「マイナスストローク」を貯める貯金箱を持っています。人とのコミュニケーションが巧くいき、認められ、誉められるとプラスストロークでいっぱいになり、他人にも心地よい言葉や態度を出せます。ところが反対に怒られたり、嫌味を言われたり、無視をされるとマイナスストロークでいっぱいになり、他人にも不快な言葉・態度を出してしまいます。プラスがいっぱいであれば、プラスが出しやすく、マイナスでいっぱいになるとプラスは出しにくくなるのです。

身近な人につい暴言を吐いてしまうのも、家庭内での暴力もマイナスストロークがいっぱいのなせる業です。また極端な例ですが、「目立ちたかった」という理由で罪を犯す人の心境も、かりにそれが軽蔑であっても他者とふれあうストロークが欲しい人間の心理なのです。

幼児は親からしかストロークを受けとれませんが、大人はこのストロークの貯金箱を、人間関係を通じて、プラスで満たすことが可能です。

一生に知り合える人数は何人？

二〇年以上前になりますが、ある方から「一人の人間が一生で、平均何人の人と関わり合って生きてマイナスストロークを発して「言わないほうがよかった」と後悔することが多い人は、ジェファーソン効果を思い出してください。

それでも出してしまった時は「ごめんなさい」「すみません」とお詫びします。できるだけ、出さないことです。出した時はお詫びすることを意識してみましょう。

経済法則の4　マイナスはプラスに変える

避けられないマイナスストロークは受け流すか、「言霊のトレーニング」を活用してプラスに変えて入れましょう。

たとえば、不快なタクシーの運転手さんに対して、「これで、今日の厄は落とした」と思い、さらりと受け流すか、「マイナスストロークが心の中にいっぱいのかわいそうな人、せめて私が優しい声をかけてあげよう」と思い、よいこととしてプラスを自分で入れるのです。大切なことは、マイナスを溜め込まないことです。

経済法則の5　自分でプラスを入れる

五感を心地よく刺激することが、プラスストロークを入れることになります。

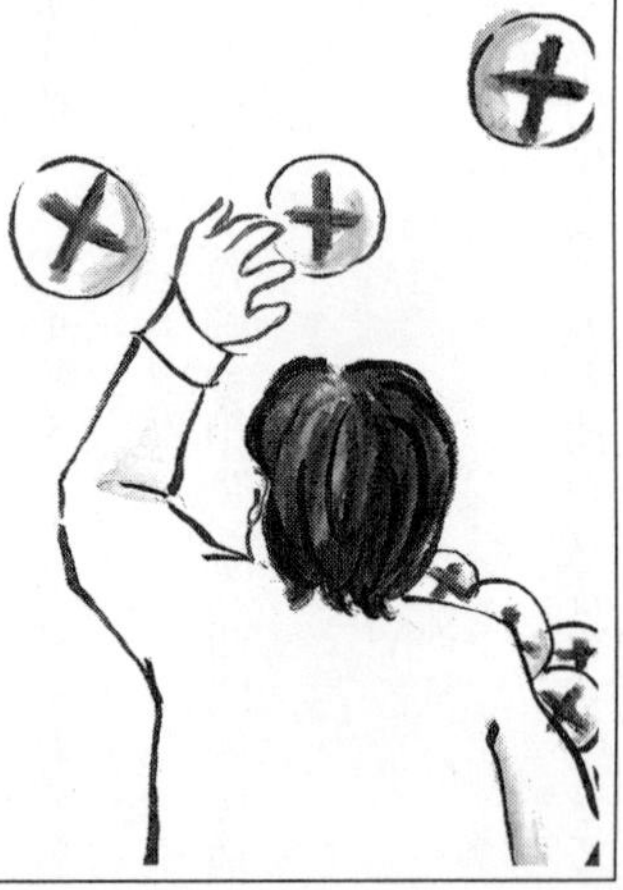

五感とは、視覚、聴覚、味覚、触覚、嗅覚のことです。五感への刺激は私たちの心や脳への栄養剤のような役目をします。疲れを感じたり、イライラする時は、積極的においしいものを食べる、美しい景色を見る、香りを楽しむなどして五感をかわいがってやりましょう。

経済法則の１　自分からプラスを出す

「プラスストローク」を相手に望むなら、まず自分から発信してみましょう。

心から人との縁を大切にする洋子さんは、事業主である弟と同じ数の年賀状や暑中見舞いをもらっています。手紙や葉書や言葉のプラスのストロークをたくさん出す人がたくさんもらえるのです。

経済法則の２　素直にプラスをもらう

他者からの心地よい「プラスストローク」を素直にもらう。「手伝いましょうか？」「すてきですね」などのうれしい言葉に「結構です」とか「いいえ」と否定の言葉で応じていませんか？

「はい、ありがとうございます」と応えれば、プラスストロークは自分の貯金箱に入ります。

素直に「ありがとうございます」を言えれば、もっと好意をもらえるのです。

経済法則の３　マイナスを出さない

「目には目を」の言葉があります。他者から嫌な思いを受け、仕返しができれば溜飲が下がります。

しかし、マイナスを出せばマイナスが返ってくる確率も高くなります。マイナスストロークを避けるために、できるだけ、自分からマイナスストロークを出さないように努力しましょう。

いると思う」と聞かれました。「一〇〇〇人くらいですか」と答えますと、「あなたずいぶんうぬぼれているね、二〇〇人がせいぜいだよ。営業職も二〇〇人のお客様をしっかり持っていれば成り立つよ」とおっしゃいました。

結婚式の場合も、新郎新婦が二人の力で二〇〇人のお客様をお呼びするのは大変なことです。もちろん個人差はありますが、平均すれば二〇〇人くらいの人間関係の中で生きているのではないでしょうか。若かった私は、「二〇〇人の世界は意外と小さな世界だ。人の目を気にせずに、もっと自由に生きていけるのだ」とも思いました。

今は、私を取り巻くネットワークのありがたさを感じられる年齢になりました。そして、快適な老後をイメージすると、支えられる以上に、支えることのできる私でいたいと思うようになりました。

今、若年期痴呆症という病気が増えているそうです。その治療方法が大変おもしろいのですが、一日に三人の家族以外の人と「会話する」ことと、自分の考えや思いを「書く」ことだそうです。人と会話し書くことで、脳は活性化するのです。そういえば痴呆症になりにくい人は、人との交流が盛んな社交家とのデータもあります。

最近のコミュニケーションの手段は、直接会って話すより、携帯電話やメールの方が多くなっています。しかし、顔が見えなければ、相手の反応や気持ちを読みとることはできません。よい歳を重ねるには、人と会って、会話することの大切さを、今一度考えなければならないと思います。

チャレンジシート　23　回答例

ケース　相づちの言葉

1、確認　そうですね、そうですか……ということですか。

2、同意　まったくその通りです、私もそう思います、同感です。
それはよろしいですね、わかります。

3、同情　それはお気の毒に、ひどい話ですね、お察しします。
大変でしたね、それはショックだったでしょう。

4、関心　すごいですね、さすがですね、感心しました、すばらしいですね。

5、喜び　よかったですね、それは何よりです、結構なことですね。

6、驚き　本当ですか、信じられません、驚きました、そんなことがあるのですか？

7、催促　とおっしゃいますと？　それでどうなったのですか？
結果はどうでしたか？

8、疑問　そうですか？　それはなぜですか？　どうしてですか？

9、反対　そうでしょうか、そうは思えませんが……。

第5章
からだと会話する

あなたを助けてくれるのは健康なからだ。
その健康なからだとは、
精神性とこころとからだの
バランスにあると思います。
病気のあるなしをいうものではありません。
あなたはどんな生き方をしたいですか?
その思いを運んでくれる
うつわ=からだと話してみましょう。
気持ちのよいからだづくりは、
あなたの生き方を支え、助けてくれます。

なぜ、エクササイズなのか

不老と長寿

あなたは今何歳でしょうか。同窓会に行って、先輩と思って敬語を使うと後輩だったり、また反対に後輩と思って気楽な言葉遣いで接していて、先輩だったりしたことがありませんか?

年齢には、暦の上での年齢、体力年齢、精神年齢、外見年齢があります。同じ暦年齢で生活や仕事をしていても、体力年齢や外見年齢は個人差があり、その差の開きは年々大きくなります。

日本人の平均寿命は世界一で、男性は約七七・六四歳、女性は約八四・六二歳です。既に長寿は実現しています。

疑似老人体験のセミナーで、受講者に「不老長寿を『不老』と『長寿』に分けるとすれば、どちらを選びますか?」と必ず質問します。

「不老」は老いないことですから、平均寿命の日まで元気にすごしていて、死ぬその日までは、若々しいことを意味します。「不老」は生きる質ともいえます。「長寿」は長生きのことです。長寿だけれども寝たきり状態もあります。生きる量ともいえます。

セミナー開始時に「不老」を選んだ人が六に対して、「長寿」四の答えが、セミナー終了時には、「不老」が九に対し「長寿」は一に変化してきます。要するに、二者択一であれば、量より質を選ぶ人が圧倒的に増えるわけです。この質の意味の中に「自分で、自分の日常生活をケアできる」ことが重要な要素として含まれます。

具体的には、食事、排泄、移動（バス・電車を使う）、衣服の着脱、入浴、コミュニケーションなどを、人の手を借りずに一人でできることです。もちろん、三〇代、四〇代の人にとっては当たり前にできることで、それができなくなるなんて、考えもしないことでしょう。しかし、疑似老人体験では、七五歳になれば体力的（五官）にどうなるかを体験することができます。主に体験する変化をご紹介しましょう。

「目」は、白内障の状態になるゴーグルを装着します。機能的には四〇代から老眼が始まり、七〇代では九〇％以上の確率で白内障になります。眼鏡を装着した途端に、物がかすんだり、暗い場所ですと見えにくかったり、光の強いところではまぶしく感じたりします。

「耳」は聞き取りにくい状態をつくるために、耳栓をつけます。耳が一番聞こえるのは二〇代で、その後徐々に聞こえる力が落ち、特に高齢になると高い音が聞こえにくくなります。人の悪口など、都合の悪い話をヒソヒソと低い声で言っても老人がよく聞いているのはそのせいです。

「関節」は両手と、きき足の関節にサポーターを装着します。手足の関節の動く範囲（可動域）は徐々に狭まってきます。二〇代を一〇〇％とみると、平均で二〇％に低下します。トイレのドアについたハンガーに手が届かなくなったりします。

「筋力」は両手足に全部で五・五キロのウェイトを装着します。二〇代に比べると、七〇代の筋肉は半分近くに減り、足腰が弱くなり、結果として動作が緩慢になり、ちょっとした段差にもつまずいたりします。またビンの蓋を開けるなどの、握ってひねる動作が苦手になってきます。

「皮膚感覚」は作業用の薄いゴム手袋を二枚装着し、指の関節をテーピングします。気温、室温に対する感度の低下により、体温調節が巧くいかなくなります。また熱の感度が鈍くなり、熱いものに対して、すぐ熱さを感じることができなくなります。コインなどの細かいものを手に取ることが苦手になります。

すべて、体験しなければ実感しないことですが、ほとんどの体験者は、その不自由さに驚き、ショックを感じます。

私自身は、この体験を何度かして、別のショックを感じました。それは「不自由さに慣れる」ということです。一日の体験ですと、不自由さは衝撃的なのですが、二日目には不自由さに慣れて「こんなものか」と思ったり、感じたりするのです。これは、私たちが徐々に徐々に老化して、その変化の自覚が少なくなることを意味します。

年齢と体力

さて、私たちは「暦年齢」を止めることはできませんが、少し意識してエクササイズを日常に取り入れますと、からだの老化のスピードを弱めることはできます。

疑似老人体験の後のアンケートに「健康の大切さを感じた、五体が動かせることがありがたい。運動

白内障用ゴーグル

左右違った足首おもり

ゴム手袋

両腕関節サポーター
インスタント
シニア

耳栓

足膝サポーター

利き手首おもり

を積極的にします」と書いていた方が体験者一〇一〇名の中で、三七名いらっしゃいました。あの、金さん銀さんも百歳をすぎて、ＣＭ撮影のためにトレーニングをして筋力を高めた結果、外出が可能になったそうです。

私の七七歳の父も、最近、弟が経営している食品会社の作業の指導を始め、右手の上腕部の筋肉がつきました。本人は「始めは腫れていると思ったけれども、年を取っても筋肉はつくのだ」とうれしそうに言っていました。このことは、「からだ機能は不使用なら退化、萎縮し、過度に使用すると障害を起こし、適度に使用すると現状維持から向上する」という「ルー（Roux）の法則」で既に証明されています。また、疑似老人体験は大変疲労するものですが、体験終了後も元気な方は、例外なくスポーツを日常的にしていて、肺活量や筋力を鍛えている人でした。

栄養・休養・運動の三つの要素が柱となり体力を左右するといわれていますが、この章では体力年齢を維持するために、日常生活に運動（エクササイズ）を取り入れることを提案します。

エクササイズにより、老化のスピードを緩やかにして、体力年齢を若く維持することができれば、生きる自信にもなります。「幸せな老後」に体力は絶対必要な条件です。その条件を満たすために、日常生活に取り入れられる、基本的なエクササイズに挑戦しましょう。

では、どのようにすればよいのでしょうか。これよりは、エクササイズのスタジオ「スタディオ・パラディソ」を主宰なさっている森山英子さんにバトンタッチをして進めていただきます。

自分のからだと話す

最近、健康診断を受けましたか？

「パラディソ」にお越しになった方には、まず「たとえば一〇年先、どんな自分でいたいですか？どんな生活をしたいですか？　どんなふうにだけはなりたくないですか？」と、将来の姿を想像してもらい、それから現状を見つめていただきます。さて、あなたはいかがでしょうか。

「自分は健康には自信があるから、大丈夫」と思っていないでしょうか。日本人に多い高血圧、糖尿病、動脈硬化による心臓病や脳卒中、ガンなどは、以前は成人病といわれていましたが、現在は生活習慣やライフスタイルと密接な関わりがあることから、「生活習慣病」といわれるようになりました。

病気の状態とは自覚症状も検査値も異常がある状態です。健康の状態とは自覚症状もなく、検査値も正常の状態です。この中間の状態を未病といい、あ

まり自覚症状はないけれども検査値にいくぶん異常が見られ、この状態が続くと病気になる可能性が強い状態です。検診を受けない理由の第一位は「忙しい」からだそうですが、忙しい方ほど、定期検診を受けて、初めて異常に気がつくことも多いと思えますので、定期検診を受けることは病気を未然に防ぐうえで重要だと思います。

未病の範囲は、高血圧、高脂血症、糖尿病、肥満、高尿酸血症、動脈硬化、骨粗しょう症、肝炎キャリア、ＨＩＶ陽性者、無症候性脳梗塞、潜在性心不全、脂肪肝などが挙げられ、今後この未病は増える傾向にあります。

また、検査結果には出ないけれども、「最近、階段を上がっていると息が上がる」とか「どうも、腰やおなかのあたりが豊かになったみたいで、からだが重い」「なぜか歩いているとつまずく回数が増えた」「最近、疲れやすい」「夜眠れない」などの自覚症状をお持ちの方も多いと思います。

このような何か体調に不安がある時に、気軽に何でも聞ける保健婦やホームドクター、健康づくりの運動指導員がいるかどうかも健康管理には大切なポイントになるでしょう。

不快な自覚症状はあるけれども、検査結果には出ない状態を不定愁訴といいますが、からだと話しながら、エクササイズをしていると「いつの間にか症状が改善されていた」というケースはよくあります。

現在、「パラディソ」では四〇代から五〇代のクラスや六〇代からのクラス、高齢化に備えての転倒防止のクラスがあり、生活習慣病の予防や改善のために「ニコニコペース」、「快適自己ペース」で楽しくエクササイズをしていただいています。

また、ボディワークセンターとして、〇歳から七〇代の方々が様々なダンスや体操、そしてアロマのマッサージなどを楽しんでおられ、いつも和やかな雰囲気に包まれています。

最近、「パラディソ」の会員さんの年齢層のデータを取りましたら、四〇歳以上の方の割合が四五%でした。エアロビクスとは若い女性がレオタードに身を包み、非常にハードなエクササイズだというイメージが強かったのですが、本当は老若男女が楽しめるエクササイズだということや、からだを動かすことは楽しく気持ちのよいことだということを広げるために、各区保健センターや企業などでレクチャーや講演、そしてレッスンを積極的に行ってきました。

また、「中高齢者フィットネス研究会」をつくり、医療、保健、教育、健康体操関連の方たちと、中高齢者の健康づくりの運動指導の勉強会などをしています。

一六年前に「パラディソ」をオープンした当時の会員さんは二〇代の方ばかりで、四〇歳以上の会員さんは本当に少なかったので、この変化に驚き、また大変うれしく思っています。これも生活習慣病への関心が深まり、積極的に健康をつくっていこうという考えが広がってきたからだと思えます。

生活習慣病において、食生活の改善や運動などのよい習慣を取り入れることで、体力を向上して、病気を回避することはかなりの確率で可能なのです。

ニコニコペースでの運動が楽しい

ニコニコペースの運動は、無理なく、にこにこと笑え、隣の方とも話しができるくらいの楽にできる全身運動のことです。福岡大学スポーツ科学部運動生理学研究室教授の進藤宗洋《しんどうむねひろ》先生、田中宏暁《ひろあき》先生はニコニコペースの運動を続けることにより（たとえばウォーキング水中歩行、水泳、自転車こぎ、ダン

「肥満」や「やせ」の判定＝ＢＭＩ（国際的に使われている体格指数）

ＢＭＩ＝体重（ｋｇ）÷身長（ｍ）÷身長（ｍ）＝

〈判定〉

やせ	普通	肥満
18.5未満	18.5〜25未満	25以上

ス、球技などにニコニコペースを取り入れればよいわけです）、健康な生活を続けられるという理論を唱えられました。

生活習慣病も予防を目的にする場合、運動を中止して、一五秒たってから数えた一五秒間の脈拍が、「三二から、年齢を八で割った数を引いた数」（プラス・マイナス一拍の個人差があります。脈拍数測定から推算する簡易推定法）程度の運動強度で行いましょう。

加齢と共に体重は増加していませんか

一つの健康度の目安として肥満度があります。肥満は生活習慣病を起こす最大の原因になりますし、肩こりや腰痛などの不定愁訴も起こりやすいので、調べてみましょう。一般的に身長に対する体重の比率は、脂肪の蓄積量に関係するといわれています。このことも含めて、「肥満」か「やせている」かを簡単に数値で判定をする「ＢＭＩ」（Body Mass Index）という国際的に使われている計算方法を使います。

ＢＭＩが二五以上ですと肥満で生活習慣病が起こりやすくなります。また、ＢＭＩが一八・五未満ですと、骨粗しょう症になりやすく、特に女性は、更年期を迎えるとホルモンの減少で骨折しやすくなりますので要注意です。これから更年期を迎える方、もしくは既に迎えてい

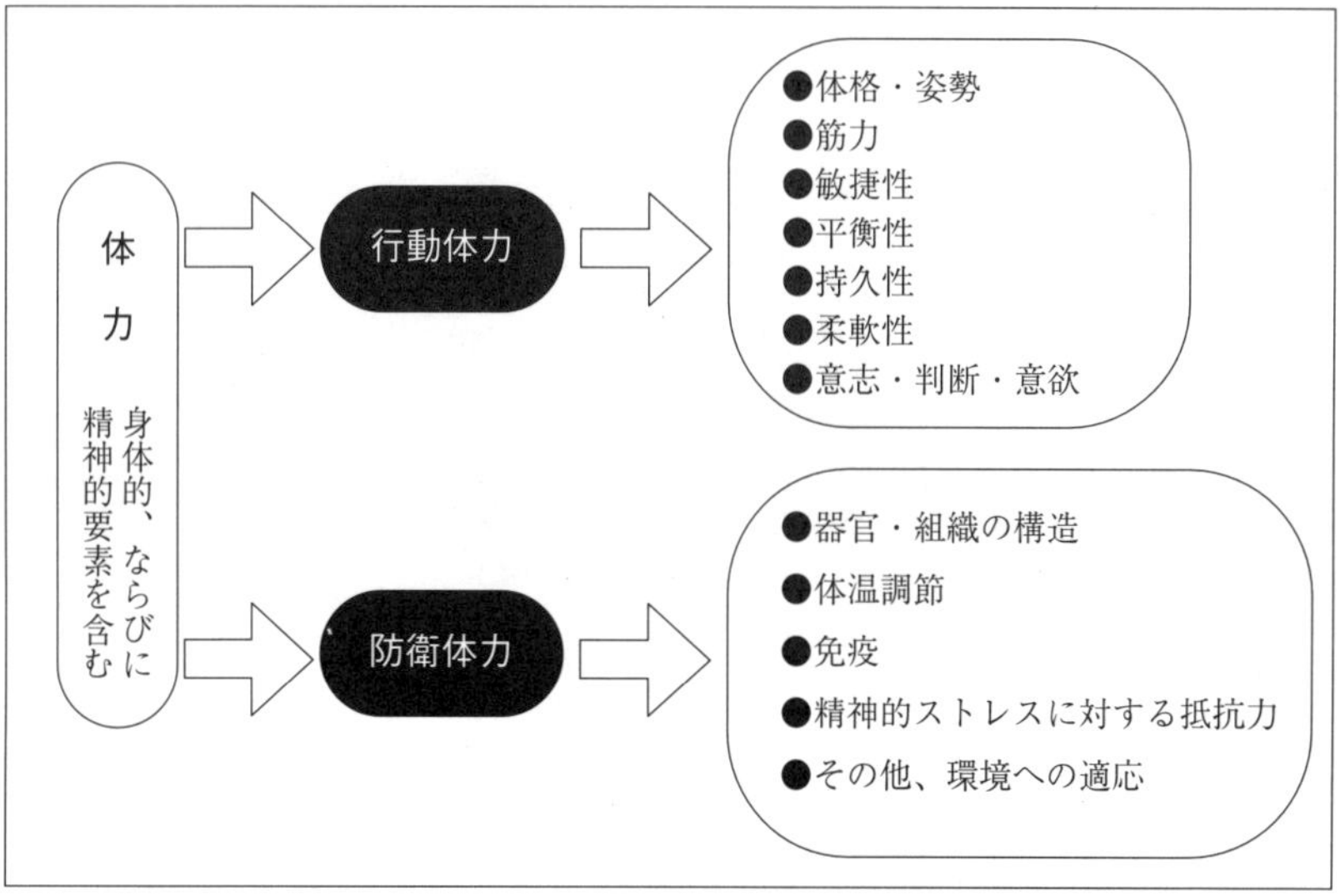

る方は、何らかのエクササイズが必要になります。

二二前後が理想の標準数値で、もっとも病気にかかりにくいといわれていますので、二二の数値を目標にして食事のコントロールとエクササイズを日常に取り入れることを考えてみましょう。

あなたの体力年齢は何歳ですか

体力とは

「以前はそんなことはなかったのに、最近階段を上がっていると息が上がる」という方はぜひ、最大酸素摂取量を調べてみましょう。これはあなたが一分間に体重一キロあたり、どれくらいの酸素を取り込む能力があるかということです。スポーツクラブや各区保健センター、体育館、健康づくりセンターなどで、エルゴメーターという回転式自転車で調べることができます。この数値が高いほど、健康関連体力が高いということになります。

最大酸素摂取量の目標値

自分自身の体力の状態を知っていただくために、お尋ねします。

Q1　あなたは何歳ですか?　　　　　　　　　　　　　　歳

Q2　あなたの最大酸素摂取量によると何歳でしたか?　　歳

実年齢より、加齢が進んでいる方もいらっしゃると思います。実年齢相応の最大酸素摂取量があれば、生活習慣病になりにくいことは証明されていますので、最大酸素摂取量を高める有酸素性運動に挑戦してください。

有酸素性運動とは、一般的にエアロビクスといわれるものです。エアロビクスというと、若い女性がレオタード姿で音楽に合わせて踊るものと勘違いしている方もいらっしゃいますが、違います。エアロビクスとは息が弾んでいる状態で、最低一〇分以上継続できる運動のことの総称です。

エアロビクスをすれば、七〇代の方でも二〇代の体力を持つことができ、それが目標ともなります。

自分のからだの状態を知るために、健康診断も含めて、からだと話をすることから始めてみましょう。

生活習慣病と五S追放運動

生活習慣病の予防は、間違った生活習慣の是正が基本になります。

五S追放運動とはアメリカの「ウェルネス」キャンペーンの一つです。このキャンペーンは病気(イルネス）に対処してウェルネス（健康・元気・爽快）の維持管理を目指す運動です。

　五Sとは「Salt・Snacks・Sittng・Smoking・Sugar」の頭文字です。「Salt・Smoking・Sugar」についてはご存じと思いますが、「Snacks」は間食、軽食などのことです。また「Sittng」は、運動不足とストレス状態になる可能性を意味します。

最大酸素摂取量の目標値（mℓ／kg／分）

	20代	30代	40代	50代	60代
男性	41	40	39	38	37
女性	35	34	33	32	31

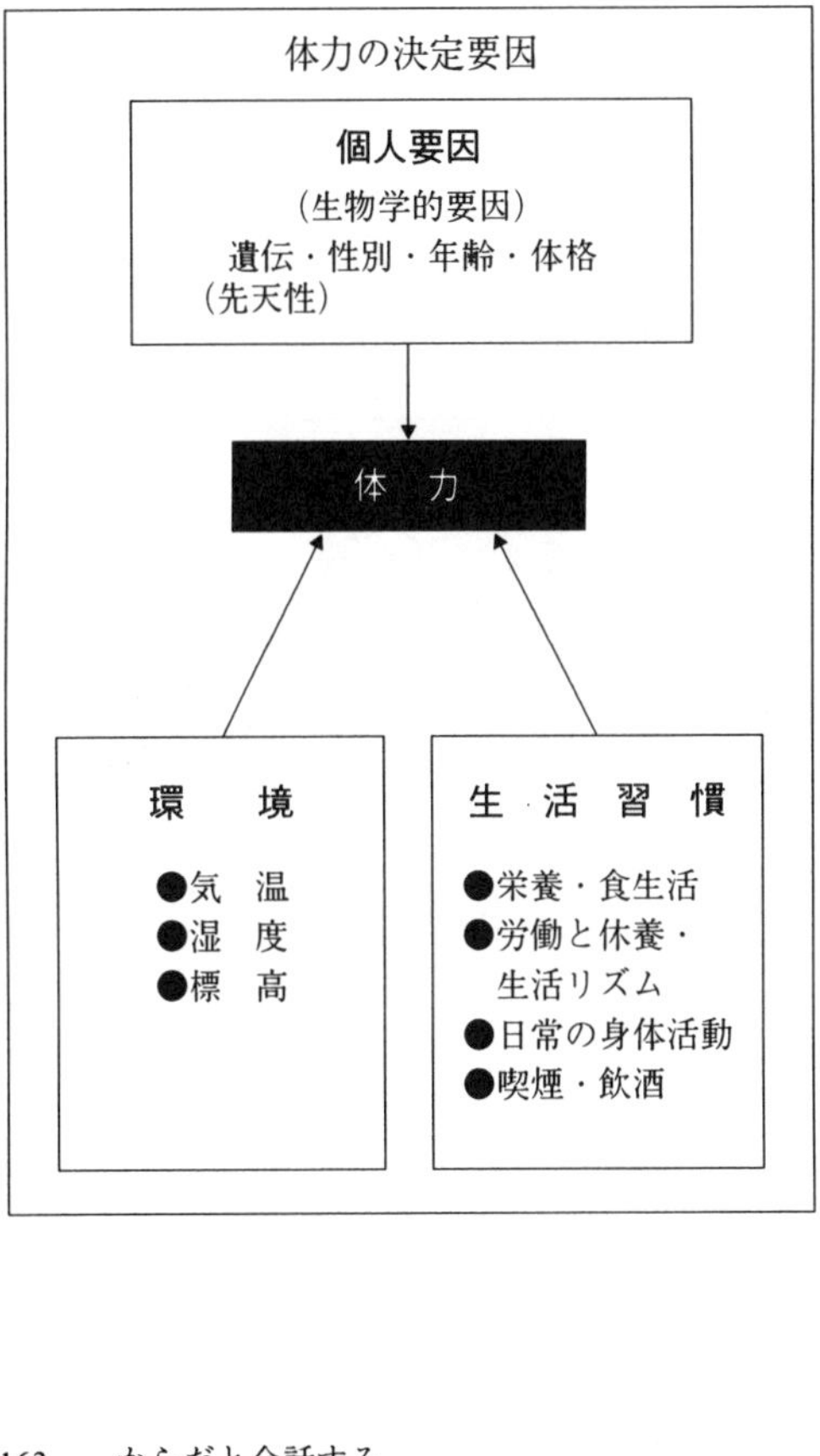

チャレンジシート　25

食生活チェック

ダイエットを考えておられる方は、まず自分の食べたものを１週間分だけでも書いてみることをおすすめします。何か気付きがあり、その後の食行動が変化してくるかもしれません。

	月	火	水	木	金	土	日
朝							
昼							
夕							
間食							

「孫はやさしいか」をキーワードにバランスのチェックしましょう。

マ（豆）

ゴ（胡麻）

ワ（ワカメなどの海藻類）

ヤ（野菜）

サ（魚）

シ（椎茸などのきのこ類）

イ（芋類）

カ（果物）

食生活の見直しに関して

最近見直されているのが、伝統日本食です。あまり難しく考えなくても食べすぎない（過食）、よく嚙む（消化吸収・ダイエット・歯周病予防）、規則正しく食べる、インスタント食品を避けて、季節の物を中心にバランスよく、いろいろな食材を食べる（偏食）ことなどに、気をつけるだけでもよいのです。

健康づくりの運動とは

目的別エクササイズの効果と方法

健康診断の検査結果に応じて、スポーツドクターや健康運動指導士が運動の処方箋を書いてくださることをご存じの方は少ないようです。ご自分の健康状態に合わせて、目的別にエクササイズを選びましょう。

どのようなエクササイズをするにしても、ニュートラルな（無理なく自然で、美しく健康的）姿勢が基本です。

椅子に座っている状態でも、背筋を伸ばすだけでいくらかの運動効果があり、筋肉は働きます。すべての日常の動作において、ニュートラルな姿勢であることが健康に繫がります。ニュートラルな姿勢にするには、骨盤を立てることに意識を持ってくるのが一番です。椅子に座って、両手をお尻の下に敷いてみましょう。この時、座骨が手に感じられたら、骨盤は真っ直ぐ立っています。しかし、腰を丸くすると座骨がわからなくなります。

種類	方法	目的と効果
有酸素運動	★ニコニコペースで、エアロビクス！ ①運動の強さ 1分間の脈拍は138－年齢×1／2 15秒の脈拍は32－年齢×1／8 「楽」か「少々きつい」くらいの気分で人と話ができる程度。 ②運動の時間 1週間に140分以上 まずは1回に10分から始める。30分以上続けると効果的。	生活習慣病（成人病）の予防と改善 心肺機能の維持と向上 スタミナをつける シェイプアップ
筋肉コンディショニング	★自分の体重（重力）を利用して行う。またはダンベル、チューブなどを利用して筋力の維持、向上を図る。向上させたい部分に意識を集中させて、1セットに10から15回行う。余裕があれば、2、3セット。呼吸は止めないこと。	美しい姿勢を保つ 引き締まった体をつくる 筋力の維持、向上 ケガの予防 腰痛、肩こりなどの予防と改善 日常動作がキビキビとなる
ストレッチング	★静的なストレッチングは、気持ちよさを感じるところでゆっくり伸ばし、呼吸をしながら15～30秒間保持する。	関節の可動域を広げ、筋肉の柔軟性の維持と向上を図る ケガの予防 腰痛、肩こりなどの予防と改善 しなやかな動作 ストレス解消
からだほぐし	★ゆらゆら、ぶらぶら、にょろにょろという感じで、力を抜いてからだを動かす。	からだの癖、ゆがみ、滞りを発見 気の流れをよくする ストレス解消
リラクセーション	★仰向きに寝て、足を肩幅ぐらいに自然に開き、目を閉じて前身の力を抜き、ゆっくり深く呼吸する。 (腹式呼吸がオススメ)	からだとこころの緊張を解き放ち、ストレス解消

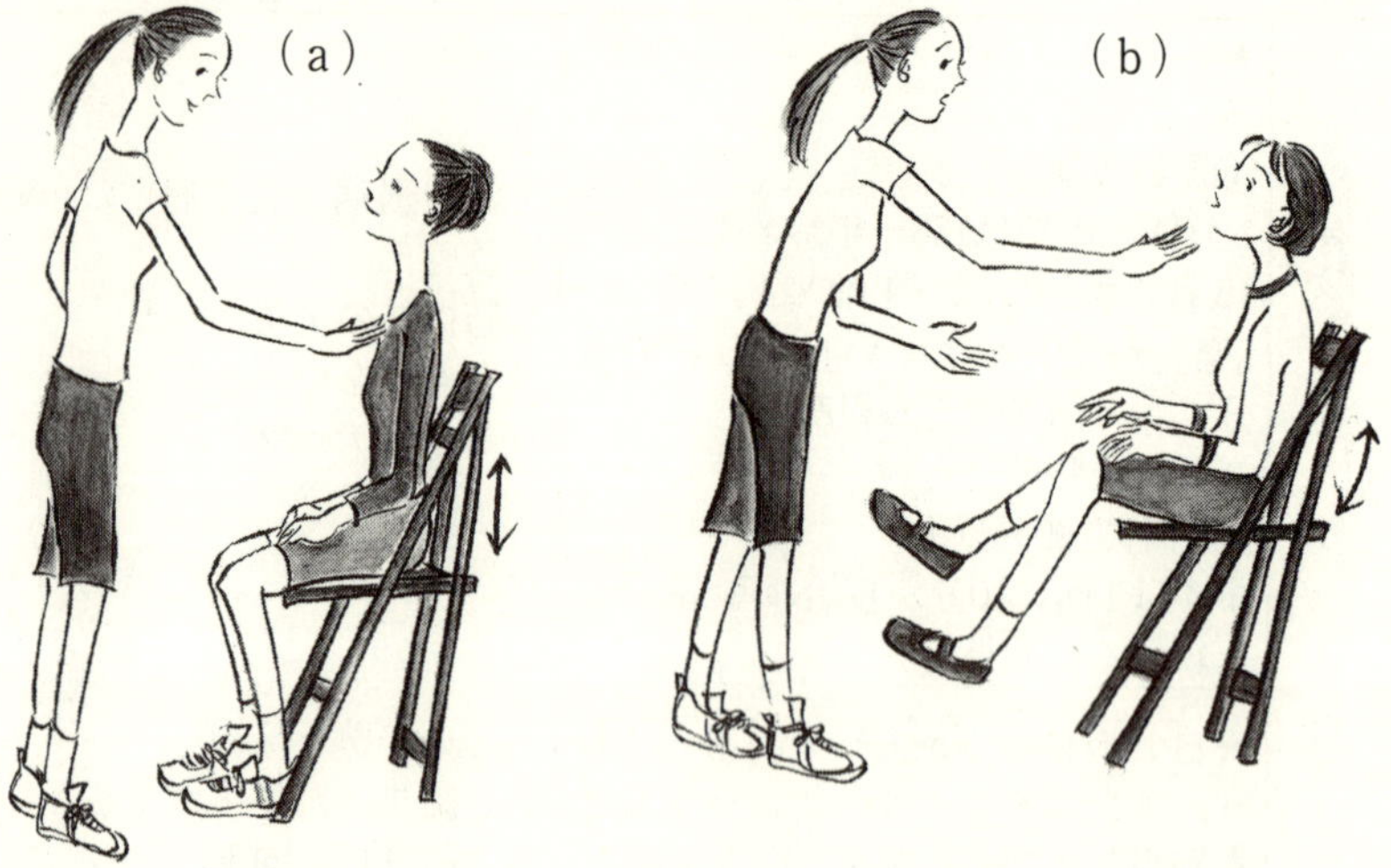

この二つの状態の時に二人組みになって、正面から相手の胸を軽く押して比べてみると（b）の状態ではすぐ後ろに押されてしまいます。骨の立て方で機能的に筋肉が働く場合と、そうでない場合があるわけです。

「姿勢」と聞くとすぐに胸を張る方が多いようですが、まず、骨盤を立てることです。

Q1　あなたはどのタイプですか？（次頁の図）

座った姿勢　　　a　b

立ち姿勢　①　②　③　④

Q2　正面から見て左右対称ですか？　YES・NO

Q3　反りすぎていませんか？　YES・NO

Q4　あごは出ていませんか？　YES・NO

Q5　猫背になっていませんか？　YES・NO

Q6　おなかは緩んでいませんか？　YES・NO

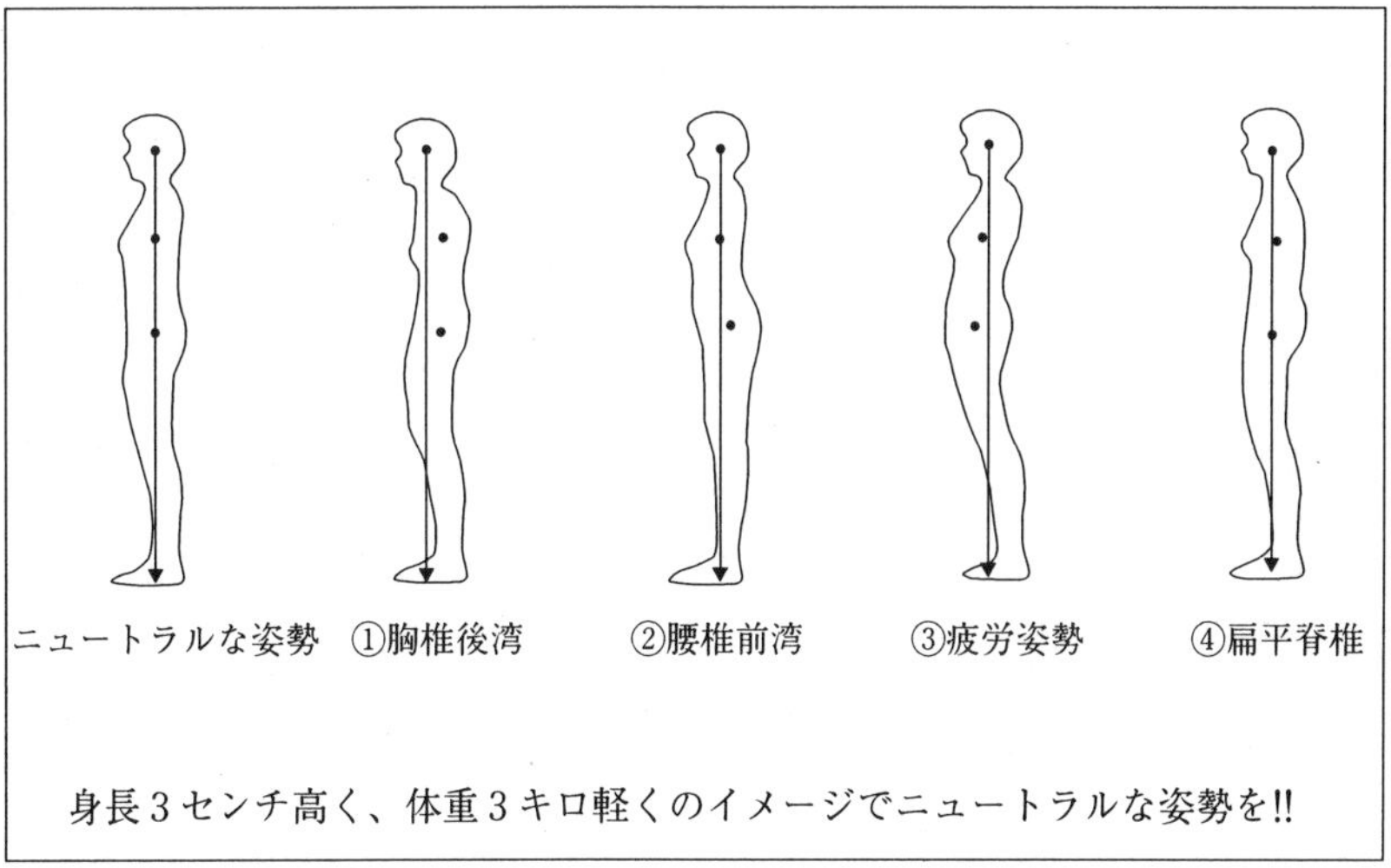

姿勢のかたち

身長は三センチ高く、体重は三キロ軽くのイメージでスーッと立ってみましょう。

お臍の少し下の丹田を意識するのも忘れずに。丹田はリトルブレーン（小さな脳）ともいわれ、こころの落ち着きの鍵を握るものとされています。「立ち方は生き方」という言葉もあるくらいですから、健康のみならず生き方も左右するのが姿勢といえます。

ニュートラルな姿勢が身につけば、考え方も落ち着いてきます。この姿勢を意識して、次のような日常動作をしましょう。

鏡で全身の姿を前から横から後ろから見る
仕事や食事をする時に背筋を伸ばして座る
背筋を伸ばしてキビキビ歩く
荷物はバランスよく手に持つ
筋肉を意識して、家の掃除をしてみる
少し早めに歩き、なるべく階段を使う

美しく歩くことが基本

美しい健康的な姿勢で、アクティブに家から外に出るだけでも運動量は増えます。次は、この姿勢で背筋を伸ばしてキビキビ歩いてみましょう。

今からすぐにでもできるエアロビックエクササイズは歩くことです。ウォーキングでは、次のことを心がけてください。

一、足のストライドは大きい方がよいが、最初は無理をしない
二、踵《かかと》から地面に着き、つま先で蹴るように歩く
三、視線は前方を見る

そして、「息は弾んでいるが、人と話ができる」、いわゆるニコニコペース状態で、最低一〇分以上継続することが必要です。まずは毎日一〇分、そして一日三〇分程度のウォーキングを始めてみるなど、ほんの少し意識して日常生活に取り入れることから始めてみませんか。ただしひざ痛・腰痛の方は、関節の負担を軽くするために水中ウォーキングが適当です。

痛みを解消する運動の実際

痛みは辛いものですし、健康への赤信号でもあります。腰痛、肩こり、ひざの痛みをお持ちの方は、まずは「いつもありがとう」という感謝の気持ちを持って患部をさすってあげましょう。そして、ドク

1

腰痛体操

1、軽く片ひざを曲げ、反対の方に上体を倒します。
2、この状態からななめ前に倒してください。呼吸はゆっくりと。10～15秒。

2

3－A

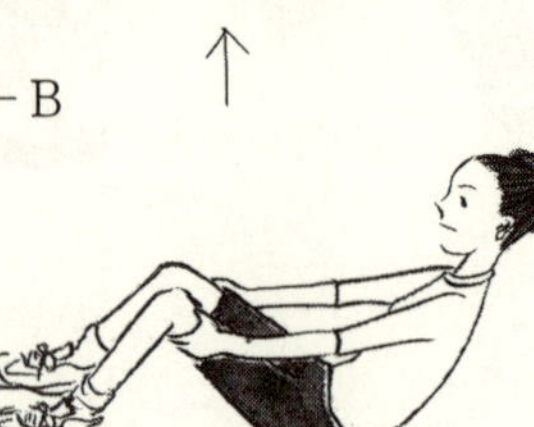

3－B

3、腸腹筋を鍛えましょう。
Aからゆっくり Bに。呼吸は止めないでゆっくりと。Bでは腰、背中を丸めてください。できる方は手を放してみましょう。
大きな声でゆっくりできれば3回やってみましょう。1から10まで数える。

1

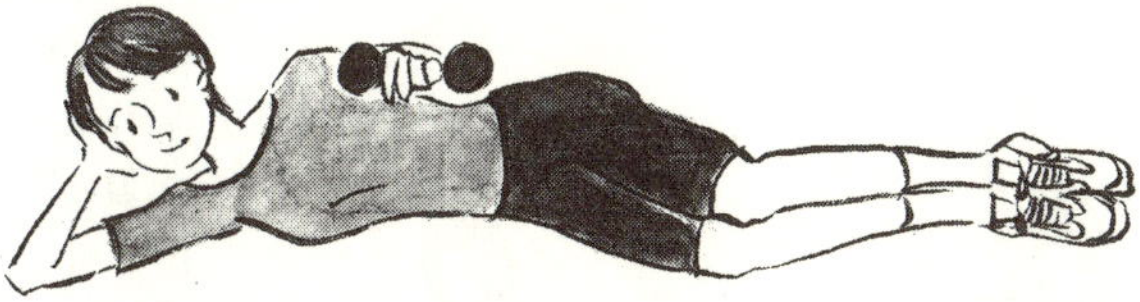

2

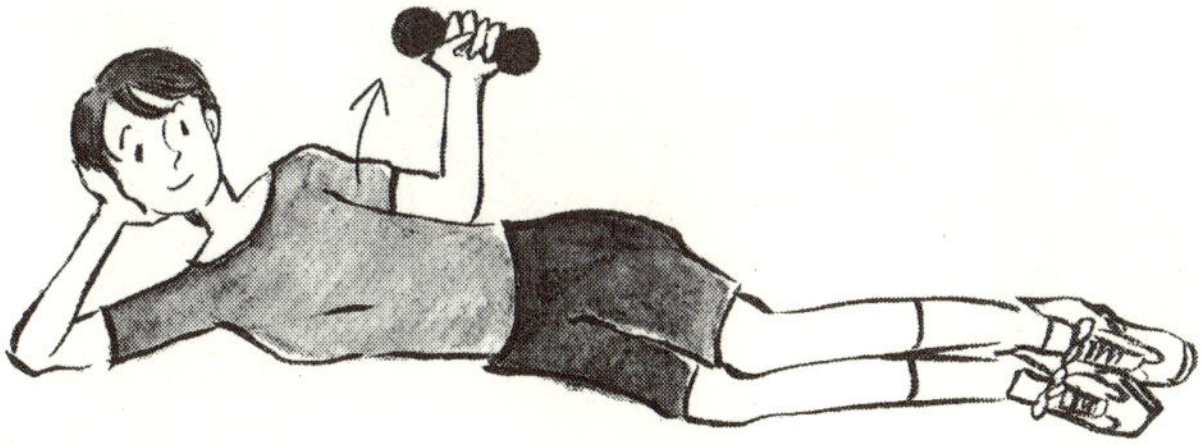

肩こり体操

1、筋肉コンディショニング

500グラムから2キロのダンベルまたはペットボトルなどを利用する。横に寝てひじを90度に曲げ、ひじを脇腹につけておく。

2、ひじを支点にダンベルをゆっくり上げ、ゆっくり戻す。

1セット10～15回、余裕があれば2～3セット。

ストレッチ

ゆっくり呼吸をしながら気持ちよく感じるところで15～30秒保持する。

1

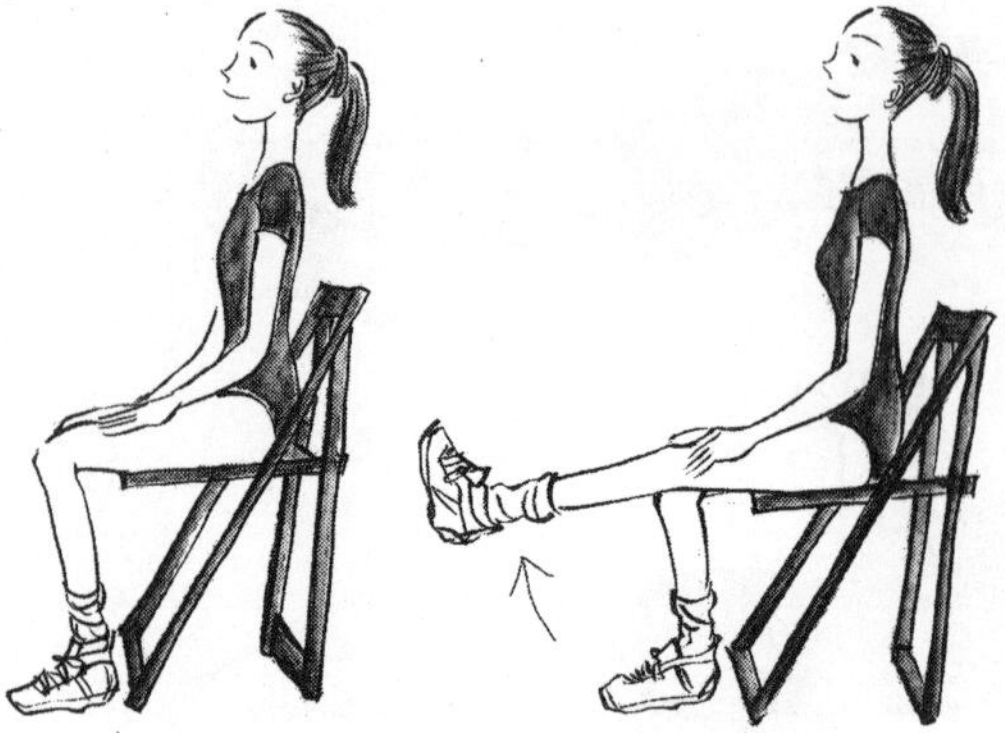

2

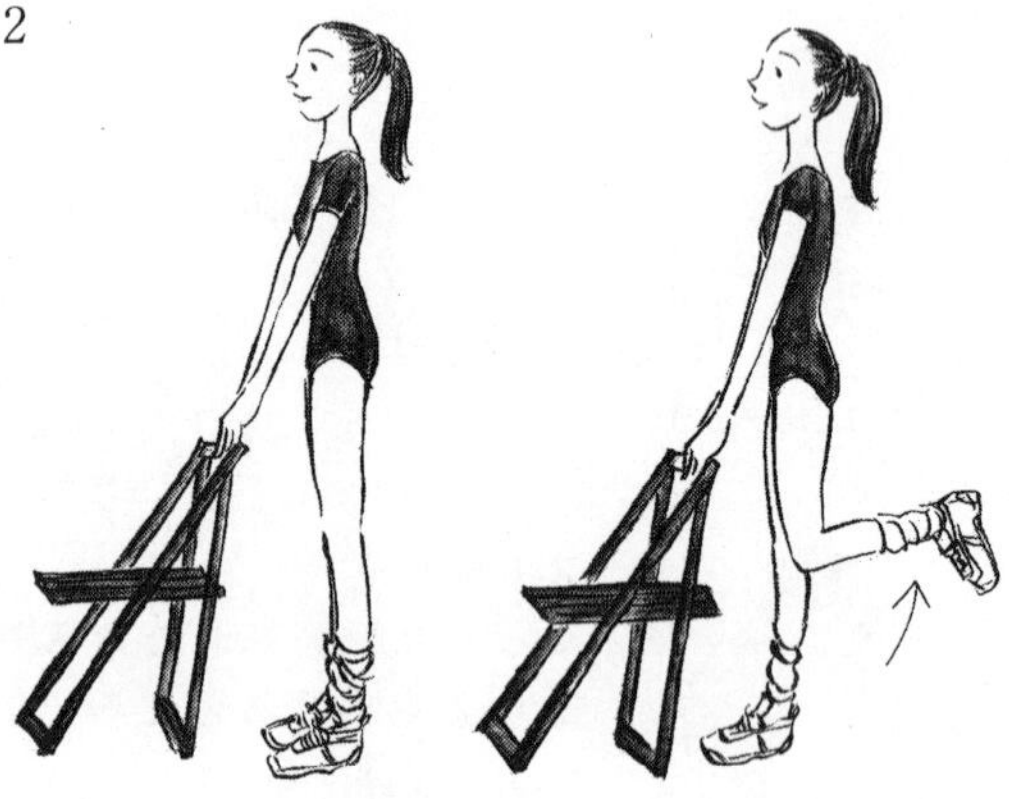

3

ひざの痛み体操

1、椅子に腰かける。左手を左ももの上に乗せ、意識を集中し、ゆっくりと左足を伸ばし、大きな声で1から10まで数え、ゆっくり戻す。右足も同じ（各3回）。

2、椅子に手をかけ真っ直ぐに立つ。左太ももの後ろを意識して左足を後ろにゆっくり曲げてゆっくり戻す。
足を曲げる時この曲げる足のひざが前方に行かないように気をつける。横から見た時に両ひざの位置は同じ。

10～15回。次に右足も同じ。余裕があれば2～3セット。

3、ストレッチ
ゆっくり呼吸をしながら気持ちよく感じるところで15～30秒保持する。

ターやトレーナーに相談しながらエクササイズを取り入れることで積極的に解消しましょう。「継続は力なり」、続けていると、改善をからだで感じることができるでしょう。

健康の定義が変わってきた

こころの状態を重視する

ＷＨＯ（世界保健機関）が「健康」の定義を見直す検討をしています。

「健康とは、からだ的、精神的、社会的、かつスピリチュアルに完全な一つの幸福のダイナミカルな状態を意味し、決して単なる病気や障害の不在を意味するものではない」

ＷＨＯのいう「スピリチュアリティ」とは、「自然界に物質的に存在するものではなく、人間のこころに湧き起こってきた観念の——とりわけ気高い観念の——領域に属するものである」という意味だそうです。

「地球交響曲ガイヤシンフォニー」という大変スピリチュアリティな映画を製作した龍村仁監督は、「スピリチュアリティ」を「地球との一体感を感じること」とわかりやすくおっしゃっていました。

私の考えでは、「誰でもどこか不調なところを持っていて、その不調なところを、自分でコントロールしたり、周囲に健康的な環境を与えられる人は健康である」ということになると思います。違う言葉にすれば、病気のあるなしで、その人の健康を位置づけるのではなく、生活習慣や仕事の仕方、その人のこころのあり方、他人への影響力が健康的であるかどうかで、健康を判断するのです。

これからの体力づくりは、からだを鍛えるだけではなく、こころも精神も一体のホリスティックな意識を持って、エクササイズし、ケアする時代だと思います。「パラディソ」でも、「からだとこころと精神」を一つとして、図のように表しています。そのためにエクササイズと共に取り入れたいのが呼吸と音楽です。

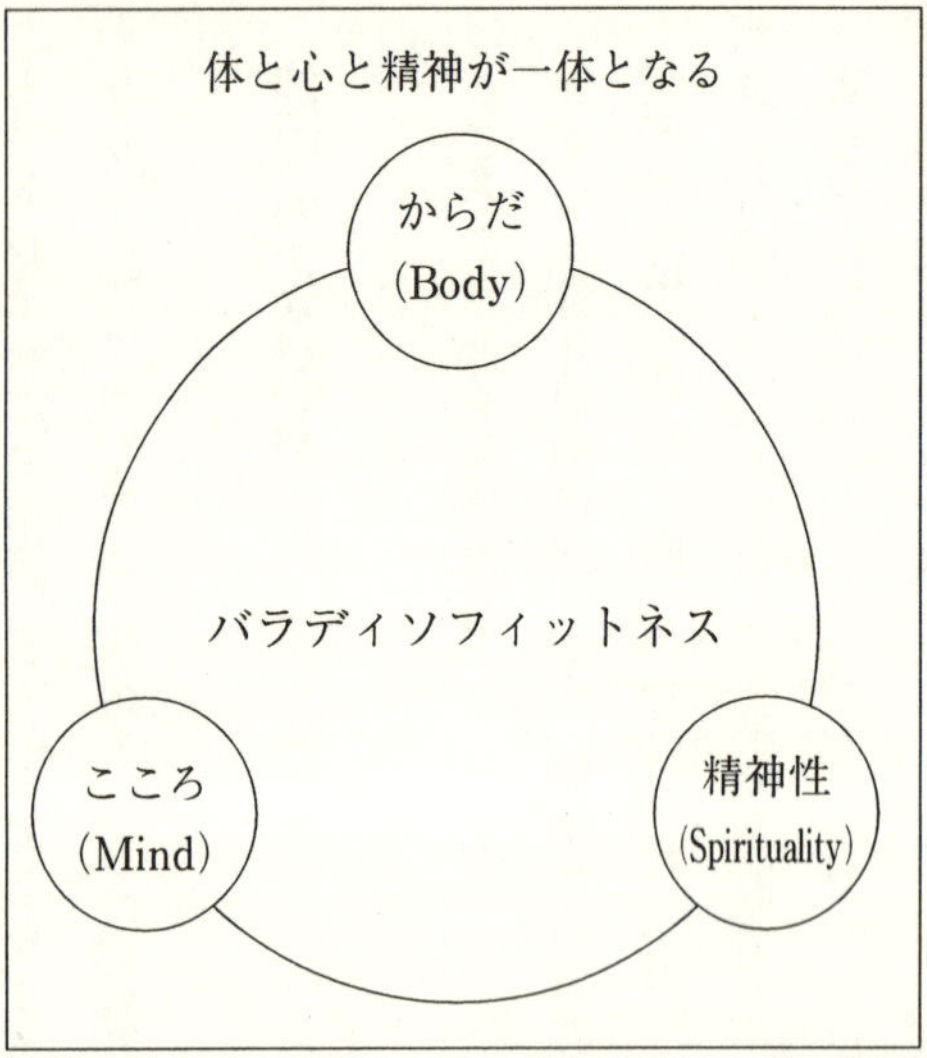

呼吸が大切

イライラしている時や落ち着かない時は、必ず浅い呼吸をしています。ですから、反対にイライラしている時や落ち着かない時はため息ではなく、意識して深い呼吸をして、一歩立ちどまることで落ち着きを取り戻すことができます。健康法として、独自に呼吸法があるくらいですから、エクササイズをする時も、呼吸を上手にできている時は、力を発揮します。

「パラディソ」では呼吸を重視した、リラクゼーションをいたします。その方法は、仰向きで大の字に寝て、目を閉じてゆっくり深く呼吸します。この時の呼吸は、まず息を吐ききる（呼吸の字は「呼」が「吸う」の前にあります）。次に鼻から息を深く吸う。そして、息を止めてからだ全体に酸素がいきわたっていることをイメージする。この場合、息を吸った時より、長く口から吐く。これを繰り返す。

呼吸をしながら、力を抜いて、ゆったりした気分でいることがポイントで、自分が一番好きな風景をイメージするとさらによいでしょう。こころとからだの緊張を解き放ち、ストレス解消になるエクササイズです。最近ストレスによる肥満も多く見られますので、お風呂上がりのお休みになる前に、寝具の中でぜひお試しください。

音楽を取り入れる

「パラディソ」では音楽がなくてはならない存在です。音楽によってスタジオの空気が変わり、人の気分が変わり、集中力も増しますので、スタジオでは対象者やエクササイズの種類、目的などを考えて選曲します。

最近、予想以上によい反応が見られた曲は、高齢者の多いクラスで美空ひばりさんの「川の流れのように」を流した時です。皆様がいつの間にか「あーあーかわのながれのようにー」と口ずさみながら、気持ちよさそうにからだを動かされていました。それ以後この曲を流す頻度が増えました。からだとこころによいことをしているわけですから、辛いのではなく、気持ちよい感覚がエクササイズには必要なのです。

音楽セラピーといって、音や音楽でこころとからだを癒す療法があるくらいです。テレビを見ながらのエクササイズも悪くはないのですが、それよりも、好きな音楽の方がからだは喜ぶでしょう。CDショップには環境音楽コーナーがかなり大きなスペースでありますが、ジャンルにとらわれずに、ご自分

Q　あなたの日常にできる工夫をしてみましょう。

A

☆

☆

☆

☆

☆

が気持ちよくなる音楽をエクササイズのスペースに流してみてください。

さあ、からだを動かそう

からだの声を聴きながら

からだはとても正直です。責任感が強くて頑張り屋さんは、どうぞからだの声に耳を傾ける時間を意識的につくってください。何かメッセージがあるでしょう。

エクササイズで大切なことは、からだの声を聴きながら動かすことです。

さぁ！　体力年齢を若々しく維持し、向上するためのエクササイズを始めましょう。どうぞ、「力」ではなくて「連動性・バランス・呼吸（間）」を大切にしてエクササイズを行ってみてください。同時に、自分を取り巻く環境に対する意識のエリアを、少しずつ広げていければ、同時に地球との一体感に繋がるかもしれません。

ホリスティックに関して

ホリスティックとは、ギリシャ語の「Holos」（全体）を語源とします。「Holistic」はエコロジカルな社会を目指す人にはもっとも重要なキーワードの一つで、「全体的、全的、全体論的」などと訳されています。同じ語源から出た言葉には「Whole」（全体）、「Hesl」（治癒）、「Holy」（聖なる）などがあります。

ホリスティックヘルスとは、「病気でない状態が健康」という否定的な定義や、「健康診断の検査値が正常値の範囲であれば健康」という消極的な定義ではなく、「精神・からだ・環境がほどよく調和し、与えられた状態において最良のクオリティ・オブ・ライフ（生の質）を得ている状態」を健康と考える、より積極的な考え方のことです。

「Health」という言葉そのものが「Holos」に由来し、「Heal」（癒えた）「th」（状態）のことを意味しているのです（「日本ホリスティック医学協会資料」より）。

第6章
老後の生活資金を考える

お金は使う時は一瞬です。
しかし、資産を蓄積するには長い年月が必要です。
自分の老後をイメージして
資金計画を考えることは難しいものです。
必ずやってくる老後のために
資産形成を始めることは今日からでもできます。
資産を形成するためのノウハウは
あなた自身の中にあります。
自分の人生を考えライフプランを立てる。
ファイナンシャルゴールを設定する。
家計の管理をする。
これさえできれば資産形成は達成したも同然です。
後は時間を味方につけるのです。

お金の使い方

ヨーロッパの金銭感覚

お金の使い方に関して忘れられない思い出があります。二〇年前に初めてヨーロッパに行った折のことです。霧のためにトランジットしたヒスロー空港の待合ロビーで、イギリスの片田舎のご婦人と拙い英語で会話をしました。六〇歳前後に見えたそのご婦人は、ギリシャへの一人旅に行くところでした。「日本人はお金をたくさん持っているから湯水のようにお金を使う。今から行くギリシャ旅行は私の一生の夢でした。そのためにお金を貯め、歴史を勉強して、ギリシャ語も勉強しました」と話されたのです。

一生に一度、自分のあこがれの国への海外旅行を大切な目標としてお金を貯め、語学まで勉強するなんて、何てすてきで豊かなことだろうと思いました。

日本の景気が上り坂に向かう兆しの見えてきた一九七九年のことですから、アルバムに貼られた旅費の領収書に書いてある二〇万三〇〇〇円という金額も、今よりももっと価値がありました。しかし、その当時でさえ、ヨーロッパの人から見れば、日本人のお金の使い方は乱暴に見えたようです。

実際、その頃も今も、勉強せずに海外旅行をする人は多いものです。今でこそユーロで統一されていますが、予習をせずに「ヨーロッパ五カ国八日間の旅」などしますと、通貨もどこの国のものか混乱しますし、セーヌ川がパリにあるのかロンドンにあるのかもわからなくなります。

それまでは、お金は多いことが豊かであると思っていましたが、同じ旅行をするにしても、お金の使い方と考え方によって、価値がずいぶん違ってくることを教えられました。二〇代最後のその旅では、ヨーロッパの文化にいくつかのカルチャーショックを受けましたが、お金の使い方の文化もその一つでした。

何をするにも、いくばくかのお金が必要です。安心して老後を迎えるために貯蓄は必要でしょう。しかし、銀行に勤めている友人が、「五〇〇〇万円以上の貯蓄を持つ高齢者で、貯金をおろすのが怖い人が多いのよ。一度おろしてしまうと、一生懸命貯めたお金が、アッという間になくなりそうな気がするらしいのよ」と言っていましたが、これももったいない気がします。

世界経済と私たちの暮らし

私の情緒的な金銭感覚はさておき、オーストラリアに住み、オーストラリアで国際金融論博士号を取った弟の話によりますと、日本の経済は一九九〇年代に凋落の一途をたどりました。日本の政策が変わらない限り、この傾向は続き、団塊の世代が年金を受け取り始める二〇一〇年頃までには危機的な状況になるであろうとのことです。

その頃には日本は世界でもっとも老人の多い国になり、頼みの年金もどこにいったのかわからなくなる可能性さえあります。したがって、自分で自分を守る、長期的なライフタイム・ファイナンシャル・プランニングが必要になってきます。

以下、弟の話をそのまま引用しますと、

一九九〇年代に企業の収益力は著しく弱まり、日本の資産は収縮し続けました。一九八〇年代末に四万円のレベルであった日経二二五種平均株価（株式市場価値の指標）は、今ではその四分の一のレベルの一万円を前後しています。日本の企業の価値が四分の一になったということです。これと平行して、不動産市場も下落しました。日本全体の資産価値が半分以下になったといってよいでしょう。

企業の収益力が低下するのに伴い、不良債権も増加し、銀行の貸付残高は減少し続けました。不良債権の処理はいっこうに進まず、その増加をくい止めるために、金利をゼロにするという異常な措置を続けています。

銀行が生き延びるための唯一の収入源は政府の借金、つまり、国債の発行の異常な増加でした。これは、国にとっても、減少する税収を補い、雇用を維持し、需要の減退を防ぐために、やむを得ない切札と考えられてきました。

しかしながら、その結果、日本国政府の財務体質は、先進国で最高から最低のレベルに転げ落ちました。財政赤字の対GNP比は七％前後であり、先進国で最悪のレベルです。累積の債務残高（三六〇兆円）の対GDP比は七〇％を超え、先進諸国でもっとも高くなったといってよいでしょう。

この借金を返すには、国民が一年間飲まず食わずで、全収入を税金で政府に払わないといけない計算になります。このつけはいつかきます。未来の税収が担保なのです。その一方、過去一〇年間に他の先

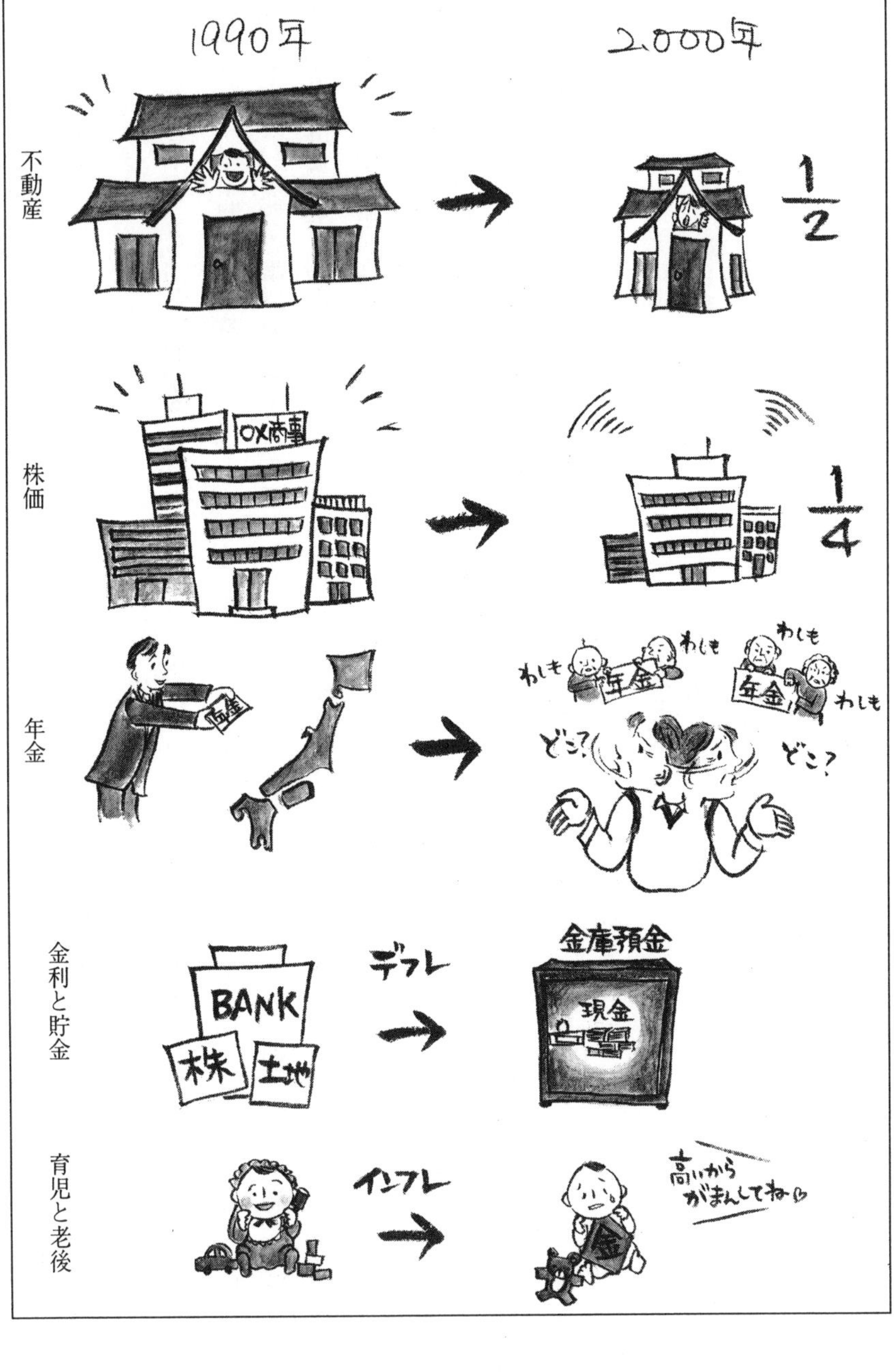

1990年
2,000年
不動産
1/2
株価
○×商事
1/4
年金
わしも
わしも
わしも
わしも
年金
年金
どこ?
どこ?
金利と貯金
BANK
株
土地
デフレ
金庫預金
現金
育児と老後
インフレ
金
高いから
がまんしてね♡

進国の財務体質は著しく改善しましたので、日本の凋落は一層目立つのです。日本国政府、企業、銀行のいずれもが、信用格付けのレーティングを落とし、取引停止がいつくるのかじっと待っているような状態に見えます。

先行きの不安から消費需要が落ち込み、デフレ気味になっているのは、誰もが感じていることだと思います。デフレは企業の売上を圧迫し、益々企業収益を悪くします。ただ、前と同じ給料をもらっている人などは、実質の購買力が増えるので何とも思わないわけです。デフレが永久に続くなら、最高の投資は金庫預金です。株式や不動産や動産も含めて安くなり続けるなら、現金がもっとも利殖性が高く、後で使うほど価値が高くなるわけです。

ただ、デフレが続けば消費需要が落ち込み、経済が失速するのは明らかであり、この状況がいくところまでいって反転する時が恐ろしいのです。

政府の借金で風船のように膨らんだ見かけ上の需要は、風船が破裂する時に、政府の借金を帳消しにするために、常にインフレという貨幣価値の調整によってチャラにするという手段が取られます。インフレは為替の急落、高金利を伴って今のアルゼンチンのような状況になるわけです。

日本はアルゼンチンよりは経済の規模が大きく、外貨準備高が三〇〇〇億ドルもあり、対外純資産残高は八〇〇〇億ドルもあって（世界一）、簡単には崩壊する経済ではありません。しかし、日本の金融市場の量ではなく、質から見れば、刻々とアルゼンチンのレベルに近づいているといってもよいでしょう。

よく日本の対外純資産が世界一なのに、日本の信用格付けのレーティングが低いのはなぜかわからな

いという人がいますが、答えは簡単です。日本の対外純資産が膨らむのは、日本の資本市場が未整備でリターンが低く、一〇年間に四分の一に資産価値が収縮するような状況ですから、日本への投資を国際投資家が控えるからです。

また、日本の銀行や保険会社も、日本の企業に貸すと不良債権になる恐れがあるので、どんどん外国にお金を預けたり、投資をしたりするわけです。簡単にいえば、金利がゼロの市場に投資するような投資家はいないので、お金がどんどん外国に逃げるわけです。

対外純資産とは、ある国に入ってくる投資金額とある国から出て行く投資金額の差額を累積で計算するものですから、お金がその国から出ていく日本のような国は当然対外純資産が膨らみ、一見、お金持ちの国のように見えるのです。極端にいえば、日本全体が不良債権市場になっていて、不良でない債権や貯蓄はすべて外国に投資されて残っているような状態です。その投資残高が世界一多いといって喜んでいるわけです。

ライフタイム・ファイナンシャル・プランニングとは、ただ貯金を増やせばよいといったものではありません。貯金はインフレには弱く、また、銀行がつぶれて、政府にそれを補償する金がなければ、ただお金を失うだけです。

日本の過去一〇年の動向が今後一〇年間も続けば、ほぼ間違いなく、インフレ、銀行の破産、政府の破産（ＩＭＦの管財下に入る）がセットになってやってくるでしょう。できたばかりの財務省のレベルから見て、何ができるかといえば、ただそれをじわじわと進め、国民に何が起こったか実感させないようにするぐらいのことでしょう。

いっぺんにくるのではなく、一〇年間かけて少しずつ変化すれば、何が起きたか、たいていの人はわからなくなります。一〇〇〇万円の貯金が突然半分になれば、暴動が起きますが、月に四万円ずつ減って一〇年で半分になったとすれば、ああそうかで、すんでしまうわけです。

このような富の蒸発は、デフレとインフレと税制や公的な資金運用（年金制度など）の組み合わせで、気がつかないうちに進行し得るものです。買ったマンションの価格は半分になり、払った年金は半分も返ってこず、投資債権のリターンはゼロなのに、借金の金利は高いまま、子どもの教育費と老人施設のコストだけは超インフレで、欲しいものは高く、貯めたと思ったものは紙切れになっている。それでも、日本人は「ああそうか」ですむのでしょうか。

では、どのような政策が望まれるか、どうしたら老後の蓄えが守られるかについては、簡単には言え

ないとても難しい問題だと弟も言っています。

ただ、まず家計を見直し、政府をあまりあてにせず、視点を世界に向け、自分で自分のライフスタイルにあったお金の管理を着実にすることが第一歩だとのことです。

それでは、ここで、ファイナンシャルプランナーとして活躍されている服部美江子さんにバトンタッチし、私たちの楽しい老後を迎えるための具体的ファイナンシャルプランについて学びましょう。

「ファイナンシャルプラン」って

Q1　最近ファイナンシャルプランと言う言葉を耳にする機会が増えました。具体的にはどのような意なのですか?

私たちは生きていくうえで様々な夢や希望を持っています。たとえばいつ頃結婚したいとか、マイホームを建てたいとか、子どもの教育はどれくらいまで受けさせたたいとか、いつかは独立開業したい、などです。このような夢や希望の全体を描くことをライフプランといい、一つひとつの計画をライフイベントといいます。

ライフイベントを叶えるためには、ほとんどの場合お金が必要になります。結婚するには結婚式の費用や新居の入居費用、新婚生活を始めるための生活道具の購入資金、また子どもの教育にも、大学まで進学させると数百万円から一千万円はかかる時代です。それらのお金の準備がなければその夢や計画は叶いません。かといって安易にローンに頼ってしまえば、家計の破綻にもなりかねません。

そうならないためになるべく早いうちからライフプランを立て、そのライフプランに従って資金計画をすることがファイナンシャルプランなのです。

難しくいえば、ライフプラン上の目標を達成するために、トータルな資金計画を考え実行すること、つまり「自分の理想の生き方を実現するために資産の形成を図っていくこと」、これがファイナンシャルプランなのです。

Q２　ファイナンシャルプランナーってどんな仕事なのですか？

ライフプランを叶えるためにお金が必要だとQ１で述べました。それと同時に、もっと基本的な生活、つまり毎日の暮らしを営むためにもお金は必要です。また私たちの暮らしはローン、税金、保険、相続など、お金と切り離せない問題と常に同居しています。そしてこれらの問題は単独ではなく、それぞれが複雑に、密接に絡み合っているのが現状です。

これらの問題をクリアにしていくためには、専門の知識が必要です。生活上の諸問題をクロスオーバーさせ、トータルに考えてこそ本当の問題解決に繋がるのです。

ファイナンシャルプランナーはお客様のライフプランをベースに、総合的、かつ包括的なファイナンシャルプランニングの作成や実行をお手伝いする専門家です。お客様の依頼により、家族構成、収入、支出、資産と負債、保険の加入状況などのデータを基に現状を分析し、貯蓄計画、投資対策、保障（保険）対策、税金対策などを行います。必要な場合には税理士、弁護士、保険や不動産の専門家などの協力を得ながら、お客様の生活上のお金に関わる問題を考え、解決するのが仕事です。

つまり家計のホームドクターのような存在なのです。

Q３　資産形成や資金計画などと聞くとお金持ちのことかなと思うのですが、一般庶民でもファイナンシャルプランは必要なのですか？

バブル経済崩壊後、社会環境が激変したことによる影響が、私たちの身の周りに大きく影を落とすかたちとなっています。過去の高度成長期には考えられなかった様々なリスクに、ごく普通に暮らしている私たちさえもさらされるようになってしまったのです。

このような厳しい時代には、私たちは自分自身や家族を守り幸せに生き抜くためには、確実なライフプランを立て、それに基づいたファイナンシャルプランを実行する。そしてしっかりと学び、学習し、正しい選択眼を持って暮らす。このことが非常に重要になってきます。今資産があるかないかが重要なのではなくて、今後の自分のライフプランの実現のために資産を形成していくことが重要なのです。

日本は戦後からバブル経済が崩壊するまでのおよそ四〇年間、高度成長による右肩上がりの経済を続け、終身雇用、年功序列、退職金制度、年金制度に守られて暮らしていました。年功序列で年齢が上がるとともに会社での地位も収入も上がっていき、住宅ローンや教育費などの多額の支出も十分にカバーできました。また終身雇用で定年まで安定して収入が確保でき、退職金もある程度の金額はもらえ、そして年金も一定の水準の額はもらえましたので、老後の不安はありませんでした。

ところがバブル経済崩壊後、日本の経済環境は激変し、さらにここ数年間はデフレスパイラルに陥り、一層厳しい経済状況になっています。リストラ、会社倒産の不安も少なくなく、雇用や社会保障制度にも改革の波が押し寄せています。

賃金・雇用形態は年俸制、雇用期間契約制、退職金の前払い制などに移行しつつあり、確定拠出年金を導入する会社も出ています。

社会保障制度もしかりで、将来受け取る年金額が少なくなる恐れもありますし、高齢者医療制度も七五歳からに引き上げられるように検討が始まりました。

もしこのような先行き不透明な時代に、十分な計画もなく多額の住宅ローンを組んだり、自分たちの老後資金の手当ても考えずに教育費を優先させるとどのような結果になるでしょうか。

マイホーム購入後に会社倒産やリストラなど何らかの原因で収入が減り、住宅ローンを返済できなくなったとします。その結果マイホームを手放すことになり、売却代金を全額住宅ローンの返済に充ててもまだ住宅ローンを払いきれない悲惨な状況に陥ることも考えられます。また教育費として長期にわたって多額の支出を続けた結果、親の老後資金の準備ができなくなる恐れもあります。

ライフプランに基づいて資金計画をし、それに加えて時代を読んだり、時期の検討をしたりという作業も必要になります。

もうおわかりいただけたと思いますが、ごく普通に暮らす私たちこそ、ファイナンシャルプランが重要だということです。

Q4　ファイナンシャルプランを立てた場合と立てない場合ではそんなに差が出るものでしょうか？

お金は使う時は一瞬です。しかし蓄積するには長い年月がかかります。

いかに早いうちにライフプランを立て、それに基づいてファイナンシャルプランを実行するかは資産形成に非常に大きな影響を与えます。楽天派A子さんと堅実派B子さんの二人のケースで比べてみましょう。


A子さんとB子さんは同じ会社で働くOLでした。それぞれ会社の同僚と結婚し、それぞれ二人の子どもをもうけ、子どもたちは今では立派に成人しています。

楽天派A子さんは先の心配よりも今の生活を楽しむ主義で、OL時代から海外旅行や買い物など楽しんでいました。給料やボーナスはそのためにすべて使っていましたので貯金はまったくしていませんでした。結婚してからも家族旅行や外食などを楽しむ生活を続けていました。貯蓄はほとんどできなかっ

たので、結婚費用、出産費用、子どもの大学進学の費用などは親から借りたり、進学ローンを利用したりしました。A子さんは結婚後もずっとパートをして働いていましたが、その収入はいつも借金の返済に回っていました。

堅実派B子さんも、OL時代は旅行など楽しみましたが、結婚が決まってからは彼と「結婚の準備は親に負担をかけないで、全部自分たちで用意しよう」と話し合い、そのために着々と貯金をしました。

結婚してからは子どものことやマイホームのことなど、夫と話し合いながらライフプランとファイナンシャルプランを立て、独身時代からしていた貯蓄を続けました。B子さんも結婚してからはパートをしていましたが、給料の中から将来の夢に向かって貯金をしました。

A子さんとB子さんの夫の勤務する会社は社宅がありましたが、一定の年数入居した後は社宅を

出なければならない決まりがありました。A子さんもB子さんもその日が迫っていました。楽天A子さんには貯金がほとんどなかったので、賃貸のマンションに入居することを決めました。マンションの契約金や引っ越し費用など準備ができなかったため、またまた親に泣きつき、貸してもらうことにしました。それまでの安い社宅家賃から一挙に数倍の家賃になり負担が重くなったうえに、親からの借金を返すためにA子さんはパートを辞められませんでした。

堅実B子さんはそれまで蓄えていた貯金を使ってマイホームを購入しました。頭金として現金をたくさん用意できたので住宅ローンの借り入れも少なくてすみ、毎月のローン返済額はそれまでの社宅家賃と同じ程度の額になりました。

楽天A子さんの夫は定年を迎え、退職金が支給されました。そのお金でこれまでのローンを清算するとわずかな金額が手元に残りました。A子さん夫婦は生きている限り賃貸マンションの家賃を払い続け、二カ月ごとに振り込まれる年金だけを頼りに生きていかなければいけません。

堅実B子さんは、二人の子どもが自立した後は住宅ローンの繰上げ返済に努め、夫の定年前に完済することができました。B子さんは夫の退職金とマイホームが資産として形成でき、長い老後も安心して暮らせることが今、何より心の安定になっています。これからは夫ともにゆっくりと海外旅行なども楽しめることを幸せに思っています。本当に充実した老後を迎えられそうだと、夫としみじみ話し合うことの多いこの頃です。

いかがでしょうか。楽天A子さんは生涯賃貸マンションの家賃を払い続けなければならず、二人の子どもと健康以外に資産と呼べるものは何も残りませんでした。老後になって楽しみのためにお金を使うこともできず、年金だけを頼りに細々と暮らしていくことになるでしょう。一方、堅実B子さんは夫の退職金とマイホームが資産として残りました。老後に必要な経済の基盤と心の安定を手に入れたのでした。

この二人の違いは何でしょうか。もう、お気づきになられていますよね。

Q5　具体的にファイナンシャルプランはどのように立てるのですか？

まず、家族一人ひとりのライフイベントを、時系列順に書き出し、それに合わせて資金の見積りをします。個々のライフイベントから何年後にどれだけのお金が必要になってくるかが確認できますので、それに対して資金の計画をするのです。

イベントが複数あればお金の必要な時期が重なったり、家計にとって非常事態になるようなことも出てくるでしょうし、場合によっては家族との折り合いも必要になるでしょう。ライフプランやファイナンシャルプランを考えることで、配偶者や家族との話し合いの時間が増えるかもしれません。

ライフイベントには結婚、出産、子どもの進学、マイホーム取得、定年退職、子どもの結婚、家のリフォーム、車の買い替え、夫婦で行きたい旅行などがあります。現実的なことだけでなく将来の大きな夢などあれば書き出してみましょう。書き出すことで夢が現実になるかも知れません。

また今後大切になってくるのが老後資金の確保です。超高齢社会を目前に控え、そのうえに雇用や年金の不安が取りざたされている現状で、今後私たちに突きつけられているのが老後資金をいかに確保するかという問題です。その解決には資産形成のために、少しでも早くファイナンシャルプランに取り組むことが今後益々重要になってくると考えられます。

いつから始めればいいの

Q6　ライフプランを立てるのに一番いい年齢というのはありますか?

ライフプランは人生設計です。早ければ早いほどその後の生き方によい影響があるでしょう。ライフプランを立てるのに早いに越したことはありませんが、しかし遅すぎるということもありません。ライフプランという言葉を知った時がその時です。

高齢者の方で将来が不安なために、高額の預貯金があっても使うことができない人がいます。こういう方は今後の生涯生活資金と、いざという時に備えるための特別資金を残し、それ以外のお金をどのように使って人生を楽しむかを考えるとよいでしょう。自分と配偶者がこれまで頑張ってつくりあげてきた財産です。

子どもに財産を残すといらぬ争いの元にもなりかねません。迷惑をかけない程度の財産は残し、それ以上は自分と配偶者の残りの人生をより豊かに、より楽しくすることにお金を使うことをプランニングします。これもライフプランの一つなのです。

Q7　ライフプランを立てるうえで年代ごとのポイントってありますか?

最近は生き方が多様化しています。女性も男性も結婚する人、しない人、離婚してシングルになる人、一〇代で親になる人、四〇歳をすぎてから出産する人、結婚しても子どもを持たずに働き続けるカップルなど、実に多種多様な選択が可能な時代です。こんな時代は年代別ではなく、ライフステージからポイントを見ていく必要があります。

独身時代

生涯のうちで他のライフステージに比べ自由になるお金がたくさんある時期です。多くの人との人間関係を作っていくことにお金がかかるでしょうし、自分のスキルアップのための支出も必要でしょう。それと同時に大まかなライフプランを考え、それに添って貯蓄を始める時期でもあります。この時代は貯蓄の習慣をつけましょう。

ハネムーン期

結婚して子どもが生まれ、幼稚園に入るまでの期間。この間はベビー関連費用は生活費の中で捻出します。この時期も生涯でも貯蓄可能額が多い期間です。ライフプランをしっかりと立て、将来の大きな支出のために心を引き締めて貯蓄を続けていると、後のファイナンシャルプランが非常に楽になります。

子どもの教育期

いよいよ本格的に教育費がかかる時期です。幼稚園に入ってから大学卒業までかなりの教育費の覚悟が必要です。子ども別に支出を管理すると将来の支出予測がスムーズにいきます。

マイホーム取得期・住宅ローン返済期

マイホーム取得計画のある人は頭金づくりと住宅ローン返済に追われる時期です。住宅取得資金は、教育費・老後資金とともに人生の三大支出といわれます。最低でも三割程度の自己資金を準備し、ローンを借りたら繰上げ返済で元金を極力減らす努力が必要です。教育期とあわせて、この期間は貯蓄を増やすことよりも収入の範囲内で暮らすことや繰上げ返済をすることを目標にします。

記入日　　年　　月　　日

家族のイベントとお金の準備	長女		長男	
	7	小学校入学	0	誕生
マイホーム貯金開始	8		1	
二人の進学費用積み立て開始	9		2	
	10		3	
	11		4	
	12		5	
家族旅行は50円玉貯金が	13	中学校入学	6	
貯まった範囲で楽しむ	14		7	小学校入学
	15		8	
	16	高校入学	9	
	17		10	
	18		11	
目標500万円	19	大学入学	12	
イホーム購入・頭金＋諸費用750万円準備	20		13	中学校入学
	21		14	
	22		15	
教育費の負担が	23	就職	16	高校入学
重い時期	24		17	
	25		18	
	26		19	大学入学
頑張って繰上げ返済しないと	27		20	
住宅ローンが78歳まで続くよ	28		21	
	29		22	
	30		23	就職
教育費が終わったら一気	31		24	
に老後資金を貯める	32		25	
	33		26	
	34		27	
親の介護の	35		28	
心づもりも	36		29	
	37		30	
	38		31	結婚
	39		32	
	40		33	
	41		34	
	42		35	
	43		36	
	44		37	
	45		38	
	46		39	
	47		40	

鈴木家のライフイベント表

		夫婦の年齢とライフプラン				夫の親の年齢		夫の親の年齢	
		いちろう		花		父	母	父	母
現在	2002年	30		28	第2子出産	62	58	58	56
1年後	2003年	31		29		63	59	59	57
2年後	2004年	32		30	保育園に入園	64	60	60	58
3年後	2005年	33		31	仕事再開	65	61	61	59
4年後	2006年	34		32		66	62	62	60
5年後	2007年	35	昇格試験	33		67	63	63	61
6年後	2008年	36		34		68	64	64	62
7年後	2009年	37		35		69	65	65	63
8年後	2010年	38		36		70	66	66	64
9年後	2011年	39	↑	37	栄養士の学校に入学したい	71	67	67	65
10年後	2012年	40	課長に？	38		72	68	68	66
11年後	2013年	41		39		73	69	69	67
12年後	2014年	42	↓	40		74	70	70	68
13年後	2015年	43		41		75	71	71	69
14年後	2016年	44		42	国家試験合格するぞ	76	72	72	70
15年後	2017年	45		43	管理栄養士として就職したい	77	73	73	71
16年後	2018年	46	↑	44		78	74	74	72
17年後	2019年	47	部長に？	45		79	75	75	73
18年後	2020年	48		46		80	76	76	74
19年後	2021年	49	↓	47		81	77	77	75
20年後	2022年	50		48		82	78	78	76
21年後	2023年	51		49		83	79	79	77
22年後	2024年	52		50	栄養士の学校の先生になりたい	84	80	80	78
23年後	2025年	53		51		85	81	81	79
24年後	2026年	54		52		86	82	82	80
25年後	2027年	55		53		87	83	83	81
26年後	2028年	56	役職離任	54		88	84	84	82
27年後	2029年	57		55		89	85	85	83
28年後	2030年	58		56		90	86	86	84
29年後	2031年	59		57		91	87	87	85
30年後	2032年	60		58		92	88	88	86
31年後	2033年	61	定年退職	59		93	89	89	87
32年後	2034年	62	再就職	60		94	90	90	88
33年後	2035年	63		61		95	91	91	89
34年後	2036年	64		62		96	92	92	90
35年後	2037年	65	完全リタイア	63	退職	97	93	93	91
36年後	2038年	66	夫婦で世界一周の旅			98	94	94	92
37年後	2039年	67		65		99	95	95	93
38年後	2040年	68		66		100	96	96	94
39年後	2041年	69		67		101	97	97	95
40年後	2042年	70		68		102	98	98	96

記入日　　年　　月　　日

家族のイベントとお金の準備	子供の年齢とライフプラン			

我が家のライフイベント表

		夫婦の年齢とライフプラン				夫の親の年齢		夫の親の年齢	
						父	母	父	母
現在	2002年								
1年後	2003年								
2年後	2004年								
3年後	2005年								
4年後	2006年								
5年後	2007年								
6年後	2008年								
7年後	2009年								
8年後	2010年								
9年後	2011年								
10年後	2012年								
11年後	2013年								
12年後	2014年								
13年後	2015年								
14年後	2016年								
15年後	2017年								
16年後	2018年								
17年後	2019年								
18年後	2020年								
19年後	2021年								
20年後	2022年								
21年後	2023年								
22年後	2024年								
23年後	2025年								
24年後	2026年								
25年後	2027年								
26年後	2028年								
27年後	2029年								
28年後	2030年								
29年後	2031年								
30年後	2032年								
31年後	2033年								
32年後	2034年								
33年後	2035年								
34年後	2036年								
35年後	2037年								
36年後	2038年								
37年後	2039年								
38年後	2040年								
39年後	2041年								
40年後	2042年								

マイホームを取得しない賃貸派は大きな負債がない分、日々の暮らしは楽なので家計上つい甘くなりがちです。しかし、年金生活に入っても家賃の支払いが控えていることを念頭に入れ、ファイナンシャルプランにしっかりと組み込んでおくことが肝心です。

セカンドハネムーン期

子どももやっと巣立ち、夫婦二人の暮らしに戻る時期です。

これまでの親としての役割を終了させ、夫婦という男女の関係を再構築する大切な時期になります。経済的にはそれまでかかっていた教育費をそのまま老後資金として貯蓄に回し、また住宅ローンが残っている時は、その時の金利情勢などを考えたうえで完済するか残しておくかを検討します。まだまだ油断は大敵です。

シルバー期

本格的なリタイアメント期。蓄えた資産を取り崩しながら、残りの人生を精いっぱい楽しみたい時期です。また人生を全うした後に残る財産をどのように家族に配分するかを考え、遺族が「争族」などしなくていいように遺言書なども作成しておくことが必要です。

Q8　退職後にいくら貯めていたら安心して老後を送れますか?

生き方に人それぞれあるように、お金の使い方にもいろいろあります。一概にいくら準備していれば安心という数字は出せるはずはないのですが、統計資料などから平均的な数字を拾ってみることにしましょう。

総務庁や金融広報中央委員会などの統計をみると、今の高齢者の生活費は夫婦で月二七万円です。しかしゆとりある暮らしを望む場合、月三八万円欲しいという数字が出ています。

一方高齢者の一年間の可処分所得は二九七・五万円です（このうち公的年金は約二二七万円、平成一二年調べ）。夫が六〇歳で定年してから、妻が平均寿命を全うするまで三〇年と仮定し、統計上での所得と支出で計算してみると、生涯の不足額は月二七万円で暮らす場合約八〇〇万円になり、月三八万円で暮らす場合は四七五五万円になります。

これらの金額は生活費のみの計算であって、この他に家のメンテナンスや万が一の時の介護費用などの特別支出を加える必要があります。

また年金の額も一人ひとり違います。自営業者のように国民年金だけの方は、自分が保険料を納めた期間がわかれば年金の受給額が計算できるのですが、サラリーマンの場合、年金受給開始前二年から五年くらいにならないと自分がもらえる年金の額はわかりません。それまでは概算で計算しておくしかありません。

このようにサラリーマンであれば自分の年金額も確定しませんし、二〇年、三〇年後の貨幣価値や社会状況がどのような状態かも図り知ることはできません。若いうちのマイホーム取得資金や教育資金計画は細かい数字の設定が大切です。しかし、リタイアメントプランに関しては細かな数字に神経質になるよりも、むしろざっくりとおよその概算額を目標額として設定し、その目標に向かって貯蓄と運用を実行することです。

前述のゆとりある暮らしの月三八万円のケースで考えると不足額は四七五五万円。これに五〇〇万円の予備費を加えて五二五五万円。現在の預貯金一五〇〇万円と退職金が二〇〇〇万円入るとして、目標貯蓄額は一七五五万円になります。

統計資料から計算してみましたが、やはり自分の場合はどのくらいの額を準備すればいいのかが気になりますね。では現在の支出額を参考にしてざっくりと計算してみましょう。

この金額を目安に貯蓄目標を立てましょう。

Q9　老後資金はいつから準備を始めれば間に合いますか?

貯蓄目標額を決めたら後は実行するのみです。早くから始めるに越したことはないのですが、三〇代、四〇代は住宅ローンや教育費などで貯蓄にまで手が回らないのが現実でしょう。老後資金として本格的

自分の老後資金として準備したい金額の目安
収入合計から支出合計を引いて、マイナスになった金額が老後の不足額です。

収　　入		支　　出	
年間所得（年金含む） 約　　　万円×30年間	万円	毎日の生活費 万円×12カ月×30年間	万円
現在の預貯金	万円	住居費(持ち家の場合は不要) 万円×12カ月×30年間	万円
退職金	万円	予備費	万円
その他の収入	万円	その他	万円
合　　計	万円	合　　計	万円

に貯蓄ができるのは子どもが独立した後の五〇代からです。とはいっても現在の雇用の状況では五〇代になると収入が減るケースやリストラで収入が途絶えることも考えられます。なるべく早いうちから、家全体の資産を増やすという視点で行動することを心がけましょう。また六五歳まで何らかの仕事をして収入の道が開けると、リタイアメント後のファイナンシャルプランがとても楽になります。

かりに五〇歳から六〇歳までで一〇〇〇万円を貯める計画をします。金利二％、一年の複利運用として約月七万七〇〇〇円ずつ積立てると、ほぼ一〇〇〇万円になります。もし三％で運用できれば月七万三〇〇〇円。五％で運用できれば月六万六〇〇〇円の積立額で目標の達成ができます。子どもの教育費が終わった後であれば、それほど気の遠くなる話ではないことがおわかりいただけると思います。子どもにかかっていた教育費を、気を抜かないで、そのまま老後資金として積立てていけばちゃんと目標額に達するのです。

もし子どもがいない、とっくに教育費は終わっているけど貯まっていないという方、そんな方は、もし老後資金として必要ならば今日から心を入れ替えて頑張るしかありません。

家計を見つめ直そう

Q10　現在の暮らしを楽しみながら貯蓄をすることはできないのでしょうか?

貯蓄もしたいけど、なるべくならば「今」も楽しみたいですよね。貯蓄にがんじがらめになって、今の余裕資金が何にもない、これでは本末転倒ですし、楽しくありません。今の生活も楽しめて、将来の蓄えもできる、これが理想です。それを可能にするのが家計管理です。家計管理をしっかりとすることが、余裕資金と貯蓄資金の両方を生み出すのです。

家計管理のメリットは自分の消費行動が整理され自分の価値観が確立することで、お金をかけるべきところとそうでないところに気づくようになります。他人の行動に惑わされることもなくなり、自分にとって本当に必要なものだけにお金を使う習慣が身につくのです。

具体的に説明すると予算生活に徹します。まず総収入から社会保険料と所得税・住民税を引いた金額を把握します。これが可処分所得といわれる金額です。これを基に、貯蓄額、食費、交際費、教育費など、自分の家庭に必要な項目に応じて予算を決めていきます。

家計管理表

収入の部			
収入	夫給料		
	妻給料		
	小計（A）	（夫）	（妻）
税金・社会保険料	所得税		
	住民税		
	厚生年金保険料		
	健康保険料		
	介護保険料		
	雇用保険料		
	小計（B）		
可処分所得C＝A－B			

支出の部			
	項目	予算	実績
給与天引き	財形貯蓄		
	社内預金		
	生命保険料		
	小計（ア）		
口座振替	電気		
	ガス		
	水道		
	TEL		
	新聞		
	家賃		
	住宅ローン		
	イベント資金積み立て		
	小計（イ）		
現金支出	食費・日用品		
	医療費		
	衣類		
	交際費		
	教養娯楽費		
	夫小遣い		
	妻小遣い		
	こども費		
	こども費		
	小計（ウ）		
支出合計エ＝ア＋イ＋ウ			

今月の収支C－エ（実績の支出合計）

① 収入から社会保険料と税金を引いて可処分所得Cを出します。
② 月初め（給料日）に先月支出した金額を支出の予算欄に記入します。予算は可処分所得の範囲に収めます。
③ 別のノートに、項目別に支出した額を記帳しておきます。月末に1カ月の集計をします。
④ 月末に実際に使った金額を実績欄に記入し支出の実績合計エを出します。
⑤ 可処分所得Cから支出合計エを引きマイナスになるようだと赤字家計です。こうならないように可処分所得の範囲で暮らす努力をしましょう。

このとき、あまり無理な計画だとすぐに実行不可能になり、予算内の暮らしが嫌になります。ですから まず、現在自分の家庭がどのようなお金の使い方をしているのか、現状をしっかりと把握し、それに基づいて予算を決めることが重要です。

初めの頃は計画通りにいかないと思いますが、毎月繰り返しているうちに予算の立て方、適切な予算配分、予算内での暮らしなどに慣れてきます。それまで投げ出さずに頑張ってください。

一カ月が経ったところで使った金額を集計して実績欄に記入します。可処分所得から今月使った実績額を引いて、今月の収支をまとめます。なるべく早く予算内での暮らしを実現しましょう。

それでもどうしても予算の範囲で収まらない方は予算に問題があるか、あるいは家計の運営上収入が不足していることも考えられます。その時は収入を増やす努力も必要でしょう。

財産簿とバランスシートをつくりましょう

あなたは今現在、自分がどれくらいの資産を持っているか把握していますか。金融資産だけなら把握するのは簡単です。ところが不動産があったり、住宅ローンなどの負債がある場合は、全体で見ると負債の方が資産額を上回っていることがよくあります。資産と負債のバランスを見ることは、自分の家庭の全体を把握する意味でとても重要です。いい機会ですので、自分の家庭の財産簿とバランスシートをつくってみましょう。

まず、財産簿づくりから始めます。自分の持っている金融商品、生命保険、個人年金などを書き出します。そこには預入日、満期日、名義、利率、金額、金融機関名など、生命保険、個人年金などは保険

金融資産明細表

H　年　月記入

1．預貯金・預金性商品(定期預金、ニュー定期、国債、養老保険等)

金融機関名	種類	金額	名義	預入日	予定 利率	満期日	満期に受け取る金額

2．投資性商品(投資信託・抵当証券・商品ファンド等)

金融機関名	商品名	名義	設定日	標準利回り	購入金額	満期日	時価

3．株式残高

銘柄名	投入金額	株式数	月　日時価	メモ

4．その他(証券貯蓄など)

金融機関名	商品名	名義	預入日	利率・マル優	預け入れ金額	満期日	満期に受け取る金額

5．個人年金

金融機関名	契約者	受取人	保険料最終支払	保険料	年金額	年金受取期間

6．生命保険

	保険会社 保険種類	契約者 受取人	加入日 満期	死亡保険金額 入院日額	保険料	特約等その他
1						
2						
3						
4						

金額や保険期間、年金額、年金開始時期などを記入します。

次に不動産や貴金属、書画骨董、車などを記入します。生活用動産、たとえば家電製品などは使用する目的で所有するものですから、資産にはカウントしない方がいいでしょう。車も考え方としては生活用動産と同じなので、資産に含めても含めなくても、自分の考え方でいいでしょう。

これで今の財産が把握できました。次はこの財産簿を基にバランスシートをつくります。バランスシート（貸借対照表）とは企業のある時点での財政状態を表すものです。家計にもこの手法を取り入れてバランスシートをつくってみると、現在の家計の健全性がよく理解できます。

家庭の純資産は、資産総額から負債総額を引くと計算できます。財産簿で明確になった資産を合計し、総資産を出します。住宅ローンやクレジット、昔でいう借金は負債ですので、その金額も合計します。資産総額から負債総額を引くと、現在の家庭の純資産がわかります。

バランスシートは一回だけで終わらせず、毎年、できれば半年に一度つけましょう。

半年ごとに継続的にバランスシートをつけ続けることで、資産の増減が一目瞭然になります。なぜ資産が増減したのか、その原因や改善策が自然と浮かび上がってきます。またローンなどの負債がなくなると資産の増え方が加速度的になっていくのもよく見えてきます。これはその後の貯蓄行動の大きなインセンティブとなることでしょう。

ところで、あなたは財産簿の生命保険の欄を迷わずに書き込めましたか。保険金額はいくらでしょうか。その保障はいつまで続くのでしょうか。今の保険料は保険期間が終わるまで一定の額なのでしょうか。満期には満期金がもらえるのでしょうか。満期金がある保険だとしたら、その時の税金の扱いはど

バランスシート　　（万円）

				2002年６月	2002年12月	2003年６月	2003年12月	2004年６月
資産の部	金融資産	郵便局	定額預金					
			ニュー定期					
		銀行	期日指定定期					
			スーパー定期					
		証券会社	公社債投信					
			中国ファンド					
			ＭＭＦ					
			ＭＲＦ					
			投資信託					
		保険会社	養老保険					
	その他の資産		土地・建物					
			自動車					
			貴金属					
			その他					
資産合計								
負債	住宅ローン		住宅金融公庫					
	クレジット関係							
負債合計								
我が家の純資産 資産合計－負債合計								

うなるでしょうか。

契約時には外交員さんから丁寧に教えてもらったはずの生命保険の内容も、時がたつに連れて忘れてしまっているものです。この際にもう一度しっかり確認しておきましょう。

中高齢になって子どもが自立した後は、死亡保障が何千万円も必要ではないケースが多くなります。必要保障額をしっかりと見直し、保険の内容も現状にあっているかを検討すると、過剰に保険料を支払っていることに気づくことも多いものです。生命保険料の全期間の支払い額が、マイホームが買えるほどになっている方も見受けます。信頼できるファイナンシャルプランナーや郵政事業庁の「暮らしの相談センター」の貯蓄相談員などに相談して、ご自分にあった保険金額や内容を検討してもらうのもいいでしょう。

負債がなくなると資産の増え方が加速度を増すと書きました。いかに負債を減らすかが、資産形成の大きな鍵になります。

住宅ローンがある方は繰上げ返済を考えましょう。繰上げ返済とは住宅ローンの元金を一部払ってしまう方法です。繰上げ返済した元金に対してかかる利息を払わないですむので、借りてからの時期が早いほど、繰上げ返済の額が多いほど、利息の軽減効果は大きくなります。半年から一年間程度の生活費と近い将来のイベント資金は確保したうえで、それ以外の預貯金は繰上げ返済に回します。その時の金利の状況にもよりますが、今のような低金利では、住宅ローン金利を上回る預貯金金利はありません。また住宅ローンは一般的に高額な借入れが多いので、当然その利息の額は大きくなります。繰上げ返済をするためにも家計管理をしっかりしてその資金を貯めましょう。

なお、繰上げ返済には最低金額や時期、手数料など金融機関によって決まりがあります。引き落とし銀行の窓口や、住宅金融公庫の「住まいの総合相談コーナー」などで相談しましょう。

負債を減らすことを考える以前に、負債をつくらないという覚悟が大切です。マイホームをキャッシュで買える方はほとんどいないでしょうから住宅ローンは別として、安易にマイカーローンや回数の多いクレジット払いに頼っていませんか。マイカーなどは安く値切って買えたと思っても、ローンを使うとその金利分は高く買ったことになります。車などの消費財を買う時は、まずその金額を貯めてから買う、それまでは辛抱するくらいの強い決意で暮らしてください。それが資産形成へのもっとも早い近道です。

Q11　貯蓄目標額はわかりましたが、どのようにして貯蓄するのが効率的でしょうか？

資産形成の出発点は一にも二にもまず、積み立てです。初めに積み立てで、いわゆる「種銭（運用を始める時の『種』的なお金）」をつくります。本格的な運用は種銭がある程度貯まってからになります。積み立ての間は原則として、利回りに神経質になるよりもむしろ元本保証で、手間をかけずに貯まっていくものがよいでしょう。半ば強制的にできる給与天引きの社内預金とか、財形貯蓄などが向いています。

Q12　ポートフォリオってよく聞きますが、どんな意味でしょうか？

ポートフォリオとは、「様々な種類の財産や金融商品の組み合わせ」という意味です。金融商品にはそれぞれの特徴や持ち味があり、それらを組み合わせることでリターンを期待すると同時にリスクの軽減も図れるのです。

ポートフォリオを説明するのに、「一つのカゴに卵を盛るな」ということわざがよく使われます。もしカゴを落としてしまった場合、すべての卵が割れてしまいますが、いくつかのカゴに分けていれば他のカゴの卵は助かります。このようにリスクを分散する考え方がポートフォリオなのです。お金を目的と運用期間を決め、それぞれの金融商品の持つ特性を活かして、バランスよく配分することが大切です。たくさんの金融商品の中から自分の目的に合ったものを選ぶには、その金融商品の特徴をよく理解しておかなければいけません。金融商品を選ぶには「流動性・安全性・収益性」、「金利」、「リスクとリターン」の三つのポイントをきちんと理解しておく必要があります。

老後資金を三〇代から貯め始めるならば、時間のメリットを活かし株式や株式投信などの比率を高め、年齢が高くなるにしたがってリスク商品の比率を下げていくというのが一般的です。しかしこれは基本であって、その人の投資経験や資産の総額によって、ポートフォリオ配分はおのずと変わってきます。

世界や日本の経済・金融の環境は日々刻々と変化しています。それにつれて当然金利や商品性なども変化します。金利や金融情勢が大きく変わった時、あるいは定期的にポートフォリオを見直すことも必要になります。

Q13　運用を考える時に大切なことは何ですか?

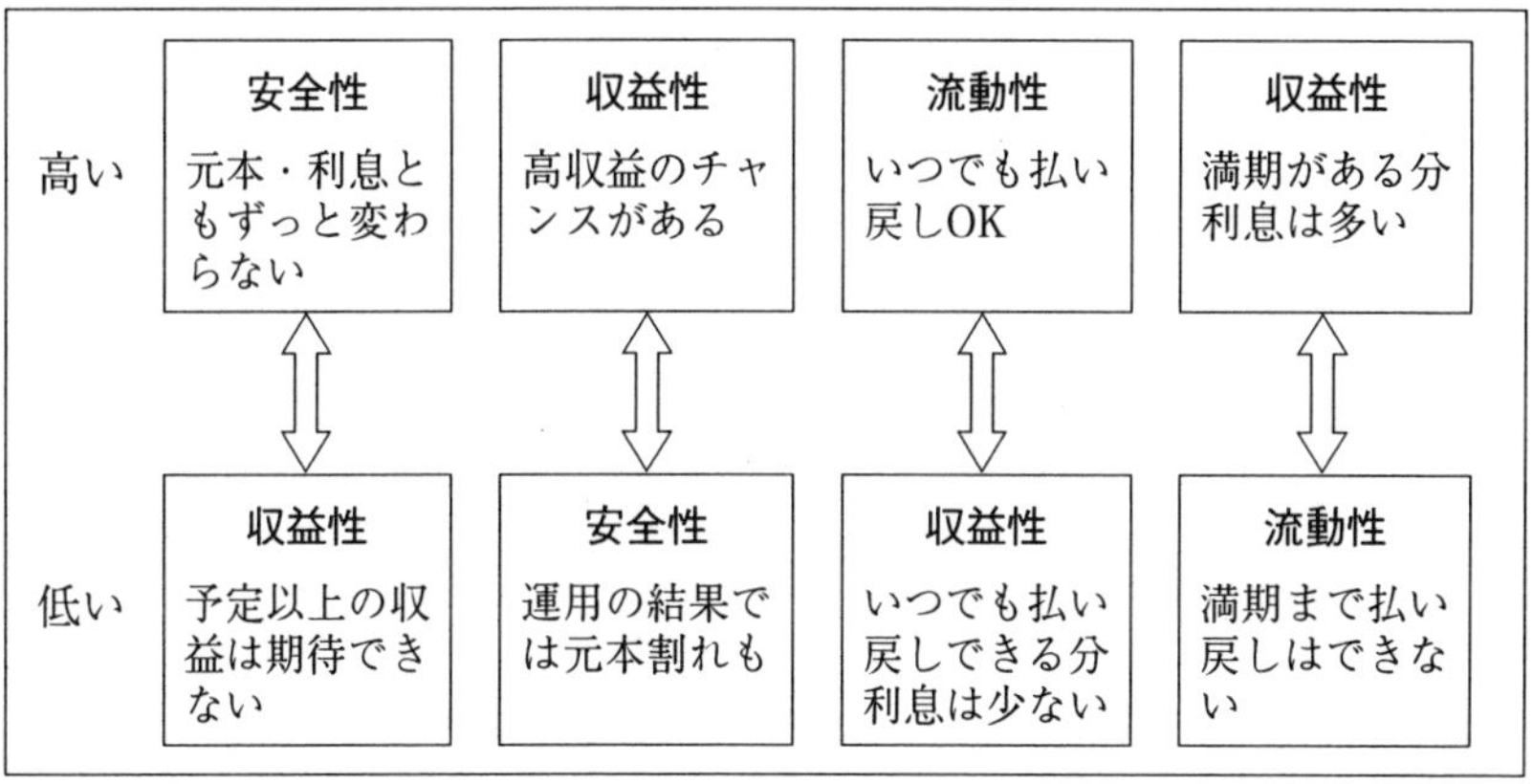
高い
低い
安全性
元本・利息ともずっと変わらない
収益性
予定以上の収益は期待できない
収益性
高収益のチャンスがある
安全性
運用の結果では元本割れも
流動性
いつでも払い戻しOK
収益性
いつでも払い戻しできる分利息は少ない
収益性
満期がある分利息は多い
流動性
満期まで払い戻しはできない

繰り返しになりますが、金融商品を選ぶにはその特徴を理解しておかなければ、自分に合った商品選びはできません。その主な特徴とは一、流動性・安全性・収益性、二、金利、三、リスク・リターンがあります。これらの特徴を個別に見ていくことにします。

運用の基礎知識

流動性・安全性・収益性

金融商品には安全性、流動性、収益性の三つの性格があります。この三つのすべてが優れている商品は残念ながらありません。

安全性が高ければ収益性は劣りますし（預貯金など）、収益性が高いものは元本割れする危険性も持っています（株式・株式組み入れ比率の高い株式投資信託など）。流動性のいいもの（普通預金やＭＲＦなど）に収益性はほとんど望めません。その金融商品の特徴を理解して選ぶことが大切です。

過去、長期公社債投信やＭＭＦ、中国ファンドなどは、元本保証の商品ではありませんでしたが、事実上、「流動性、安全性も高い証券貯蓄」として銀行などの利息よりはるかに高い利回りで人気を

過去30年の金利の動き

集めていました。

ところが平成一三年四月以降、長期公社債投信や中国ファンドは商品の仕組みが変わったため、相次いで元本割れを起こすものが出てきました。これからは古い知識だけで商品を選んでいると、とんでもない間違いを起こすことにもなりかねません。常にアンテナを張って新しい情報を取り入れていくことが益々重要になります。

金利

金利の付き方には「単利」と「複利」があります。単利とは、常に当初預入された元本に対してだけ利息が計算されます。それに対し複利とは、一定期間ごとに支払われる利息を元本に足して（再投資して）、これを元本として次の期間の利息の計算が行われます。短期間ではさほど差はないのですが、長期間になると複利の効果は非常に大きくなりますので、資産形成には複利の商品が向いています。

また、「固定金利」と「変動金利」という違いもあります。固定金利は、預入時に約束された金利が満期時まで適

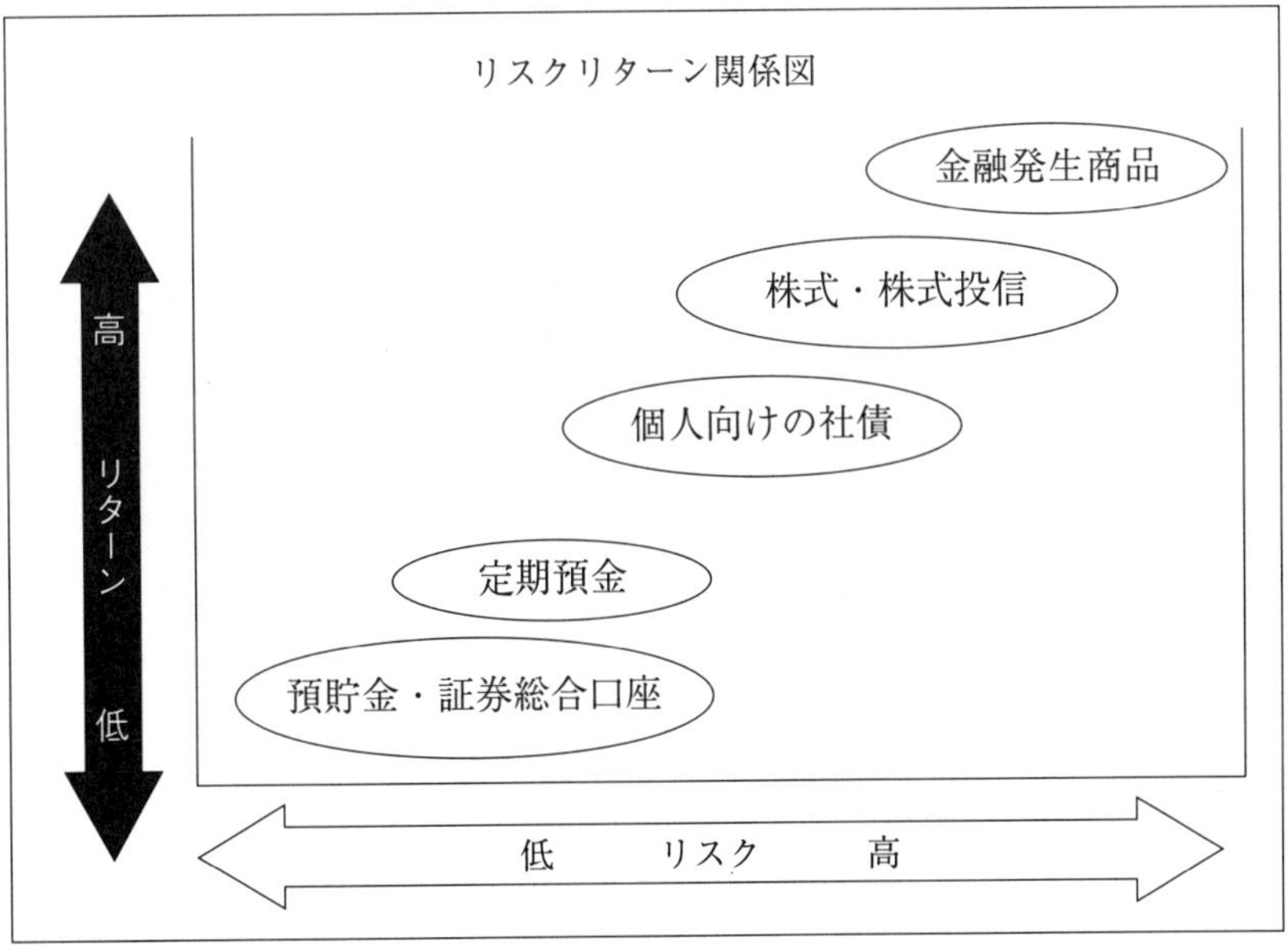

用されます。変動金利は、市場金利の変化に連動して期間の途中でも定期的に金利が見直されるものです。

過去三〇年間の公定歩合（表参照）の推移を表したものを見ると、金利の底（ボトム期）、金利上昇期、金利ピーク期、金利下降期があるのがわかります。

金利を予測するのは大変難しいものです。しかし、現在の金利がどのレベルにあり、これからどの方向に向かうかをおおまかに判断して、それにあった金融商品を選ぶことが必要になります。

金利ボトム期は安全重視なら預貯金で換金性を高めておき、金利が上昇した時に高金利商品に預け換えができるようにスタンバイしておきます。リスクを取ることができるなら株式や株式投信、外貨建て商品など積極運用型商品で運用してもよいでしょう。

金利上昇期は金利が上昇していて、さらに上昇を続けると予測される時で、考え方はボトム期と同じですが、積極運用型商品は徐々に減らし、換金性の高いものにシフトしていきます。

金利ピーク期は今がもっとも金利が高く、今後は低下すると考えられる時期です。

この時は安全性重視の商品でも十分収益が挙げられますので、長期固定金利商品（定額貯金・国債などで一〇年程度）の比率を高めます。この金利ピーク時の長期固定金利商品で次の金利ピーク時を迎えるとができれば、安全かつ効率的な長期運用が可能となります。

金利低下期は金利がピークをうち、今後は下降していくと予測される時なので、中・長期の固定金利商品を（定額貯金・ニュー定期など）選びます。

このように金利情勢に常に気を配り、その時々で間違いのない運用を心がけてください。

リスク・リターン

リスク（risk）とは「収益のブレ」のことです。一〇％のリターンが期待できるかもしれないが一〇％のリスクも持っている、この幅のことをリスクといいます。

一〇％のリスク・リターンと一％のリスク・リターンと比較すると、一〇％の方がそのブレの幅が大きいのでリスクが高いということになります。

リターンを期待するならば、ある程度のリスクを覚悟する必要がありますが、リスクを取ったからといって必ずしもリターンが期待できるかというと、投資の世界はそう甘いものではありません。しかしながらリスクはリターンの源であることに変わりはありません。

リスク商品を購入する時はリターンも期待できる代わりに、もしかすると元本割れのリスクもあることを肝に銘じておいてください。

リスクには、信用リスク（投資先が破綻することによって損失を受ける可能性）、価格変動リスク（相場の変動によって損をする可能性）、流動性リスク（必要な時に解約できない、あるいは解約によって損をする可能性）、為替変動リスク（為替の変動によって損をする可能性）などがあります。

自分が持っている金融商品、これから選ぼうとしている金融商品の性格をよく知り、目的に合った金融商品選びをしましょう。

ハッピーリタイアメントを

以上この章では、ファイナンシャルプランニングについて見てきました。若い間なら数回の失敗もその後の頑張りや時間のメリット、収入アップなどで挽回のチャンスはいくらでも用意されています。しかし間近に老後を控えての失敗は、収入の道も時間のメリットも限られています。どうぞご自分の老後を思い描いて間違いのない資金設計・運用を心がけてください。

この章をお読みになって、将来の予測なんてできないよ、ライフプランなんて立てられない、と思われる方もきっといらっしゃるでしょう。その通りだと思います。筆者も転勤族の妻です。先の計画なんて一つも立てられませんでした。そのうえ、二三歳の長男は要介護状態の重症心身障害者です。三人の子育てと同時に長男の介護に二二年間明け暮れました。それが今も続いています。その間家族の世話や介護を充実させるためには、自分の夢や希望は横においておかざるを得ない状況でした。

しかし、要介護状態の長男が養護学校を卒業し、末子が大学進学を決めた時、さあ、これからは妻、母であると同時に、私自身のためにも生きたいと思ったのです。

その時から、以前から興味を持っていたファイナンシャルプランナーの勉強を始め、資格を取得し現在仕事をしています。筆者の場合、子育てと介護に費やした約二〇年間、ただ家事、育児、介護を義務的にこなしていたのではなく、家庭運営や家計管理の手法を学び、前向きにポジティブにやってきました。それがファイナンシャルプランナーとして家庭経済やライフプランを語るうえで、経験として非常に役立っています。またそれまでの家計管理の体験を綴ったものを、日銀・金融広報中央委員会の作文コンクールに応募し、優秀賞をいただきました。

人はその時におかれた状況で、夢や計画を描けない場合もあるでしょう。その時は、その与えられた環境の中で精いっぱい力を尽くす。できない環境を恨まず、できることを探して精いっぱい取り組む。そうすることが、後々自分の本当の夢や計画に出会えた時に、きっと自分自身の素晴らしい力になると確信します。

ライフプランも同じです。自分や家族の将来を思い描き、進学時期などの決まったことからまず計画してみましょう。それ以外は少しずつ、自分と家族の夢と現実をすり合わせながら計画してください。

また、どんなにいいライフプランができたと思っても、それが計画どおりに進むとは限りません。軌道修正や見直しも必要となってくることもあるでしょう。自分や家族がおかれた状況を常に意識しながら、フレキシブルにライフプランを修正していくことも大切なことです。

お金で「幸せ」は買えませんが、お金が楽しい老後の大切な要素であることは確かです。楽しい老後を送るために、さあ、今から始めましょう

どうぞハッピーリタイヤメントを！

第7章
生きるエネルギーを見つけよう

「楽しい老後」を迎えるために、
エネルギーになる私らしさを見つけよう。
仕事を持ち、
他者を喜ばせると張りが出る。
おしゃれは自分を大切にし、他人にも大切にされる。
好奇心と、新しい行動がエネルギーを生む。
一日の朝と夜を楽しく過ごす工夫が、
ストレスを軽くする。
優先順位と信条を決めて、行動すると迷わない。
継続すれば、楽しさは倍増する。

生きるエネルギーとは

生きる意欲の喪失

戦争にいったことのある父から聞いた話です。一カ月間芋やピーナッツばかり食べ続けたり、不眠不休で歩き、泥まみれで寝たりすることもしばしばあったそうです。南京から武漢まで、揚子江を一週間かけて、毎夜進んだ時のことです。兵士の輸送船は、通常の一階の高さを横に二段にしたもので、寿司詰め状態で座り、足を伸ばすスペースもなかったそうです。八十分間に二十分間だけが、交代で足を伸ばせる時間で、自分の足を伸ばした時の爽快感は今でも忘れないようです。

現代では、飢えも死を感じる危険もありません。しかし不眠症やうつ病、自殺者が増加しています。「生きる」意欲を失った人が大勢出ているのです。「今日生きる」ことが目標だった時代から、飢える心配のなくなった現代は、却って生きるエネルギーが湧きにくくなっているようです。

七章では、活き活きと生活する高齢者を紹介しながら、生きるエネルギーについて考えます。

五つの欲求

誰しも、目標に向かってる時は充実感を味わえます。しかし、一つの目標を達成してしばらくすると、虚脱状態に陥ることがあります。特に退職後は一時的な開放感はありますが、その後の喪失感は大きいようです。

一方、若々しく元気な高齢者は、一つの目標を達成することがゴールではなく、通過点のように次から次に目標を作り、それに打ち込むエネルギーを持っています。このエネルギーは一体何でしょうか？

人間のエネルギー、つまり人を行動に駆り立てる欲求に関しては様々な研究がされました。なかでも行動心理学の権威アブラハム・マズローの「欲求五段階説」は有名です。マズローは人間の欲求がピラミッドのように階段的に存在していると考えました。そして、下層の欲求から段々上へと、その階の欲求がある程度満たされると次の欲求が湧くと考えました。その五段階の一番下は、生きるために最低限必要な、食べる、寝るといった「生理的な欲求」、次は生理的な欲求が確実に安定して供給されることを望む「安全・安定の欲求」、次は家庭や仲間が欲しくなる「所属と愛の欲求」、そして次は、他者から尊敬され賞賛される「承認の欲求」、最上階の欲求が「自己実現の欲求」で、自分のしたいことをしたいという最高の欲求になります。

エネルギーの増す欲求

複雑な現代社会では、マズローの「欲求五段階説」では説明できないものがあります。この補足になるものをハーズ・バーグが「動機づけ衛生理論」として唱えました。ハーズ・バーグはアメリカのビジネス社会で実験し、この理論を唱えましたが、老後を活き活きと快適にすごすためにも活用できます。

ハーズ・バーグは欲求を動物的な不快を避ける欲求と、人間として精神的に成長し自己実現を求める欲求の二つに分けました。

動物的な不快を避ける欲求（マズローの欲求の第一、第二が中心）とは、あることが満たされてもその状態がすぐ当たり前だと感じるようになってしまう心理です。たとえば給与が増えれば、その時は満足しますが、まもなくそれが当たり前になり、そこを基準に「もっと給与が欲しい」と不満が出ます。環境を整備しても当たり前になるのです。

もう一つの精神的に成長し自己実現を求める欲求（マズローの欲求の第四、第五）は、これを満たすことによりエネルギーが増します。自己実現を望むこの欲求こそ、動機の質も高く継続するエネルギーになります。

この章全体のテーマは、自分が本当にしたい（楽しい、面白い）ことを探し、したいことをし続ける工夫をする。さらに、自分のしていることを、自他ともに認められ、喜ばれている実感を持つことです。活き活きした快適な老後を迎えるために、まずは自分が本当にしたい、していて楽しい、時間のすぎるのを忘れるほど面白いことを探すことが大切です。

自分らしさを活かす

自分らしさの発見

若い男女に「理想の異性像は？」と尋ねると答えはすぐ返ってきますが、「理想の自分像は？」との

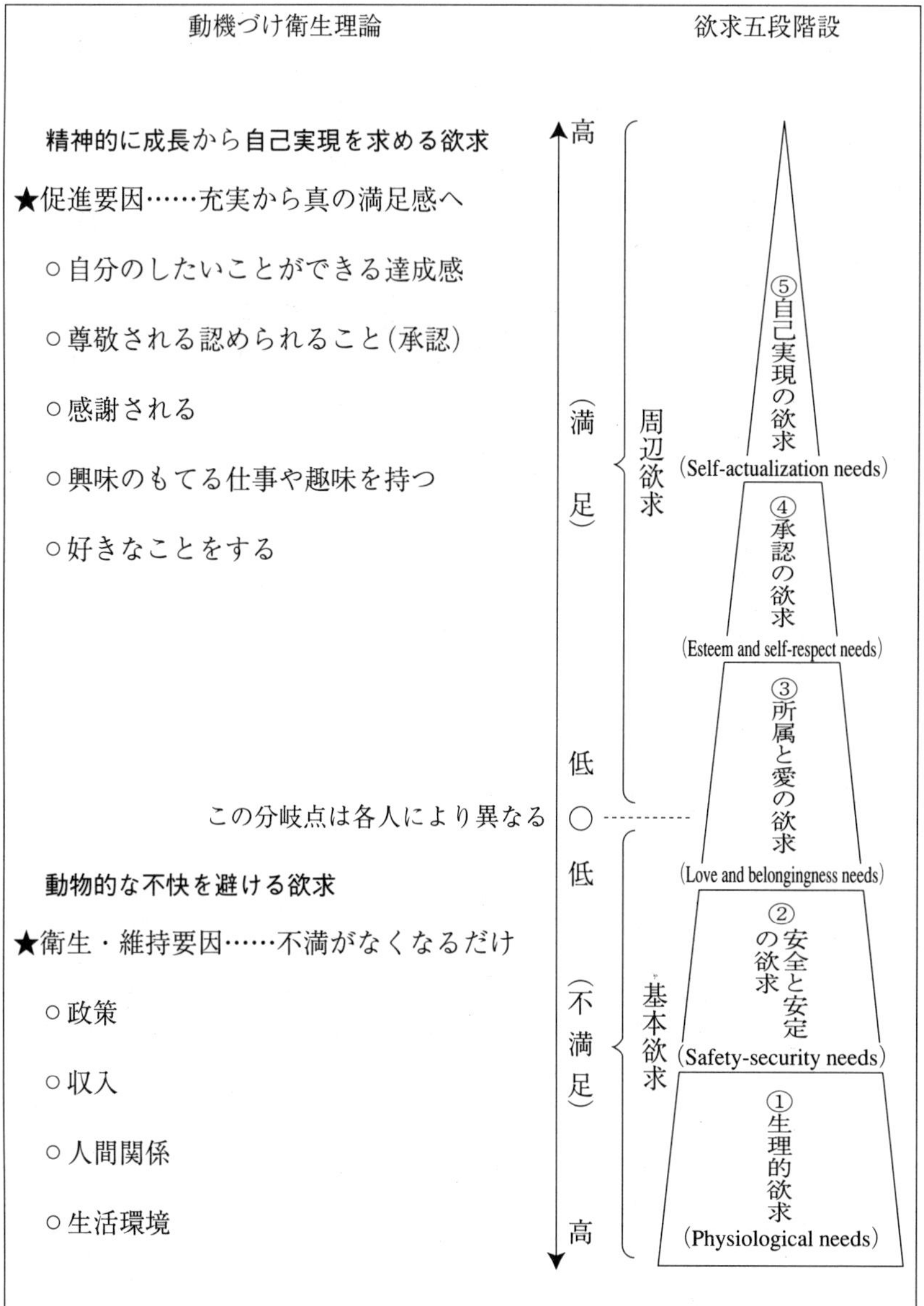
動機づけ衛生理論
欲求五段階設
精神的に成長から自己実現を求める欲求
★促進要因……充実から真の満足感へ
○自分のしたいことができる達成感
○尊敬される認められること(承認)
○感謝される
○興味のもてる仕事や趣味を持つ
○好きなことをする
この分岐点は各人により異なる
動物的な不快を避ける欲求
★衛生・維持要因……不満がなくなるだけ
○政策
○収入
○人間関係
○生活環境
高
(満足)
低
低
(不満足)
高
周辺欲求
基本欲求
⑤自己実現の欲求
(Self-actualization needs)
④承認の欲求
(Esteem and self-respect needs)
③所属と愛の欲求
(Love and belongingness needs)
②安全と安定の欲求
(Safety-security needs)
①生理的欲求
(Physiological needs)

マズローの「欲求五段階説」とハーズ・バーグの「動機づけ衛生理論」

質問に即答できる人は稀です。他者に対してはいつも求め、そのイメージは明確にあるけれども、自分に対しての認識は意外に低いものです。自分らしさを活かすために、自分を知る自己分析を取り入れたセミナーの後に、「私はどうすればよいのでしょうか」と、年長の男性に質問されることさえあります。快適な老後をすごすには、自分への認識を深める必要があります。

エネルギーを持つ高齢者は、例外なく「自分が何をすれば楽しいか」を知り、自分らしさを活かしています。女性は「親に従い、夫に従い、子に従い」が求められ、自分らしさを活かせなかった時代から、男女とも「自分で自分らしさを知り、それを活かす」時代になっています。まずは、改めて自分しか持たない自分らしさを発見することから始めましょう。

「あなたは何がしたいですか？　何をしていると楽しいですか？　何に一番興味を持っていますか？」

この問いに応えることができれば、それがあなたのエネルギーの源泉なのです。

自分を知る

次の「私は」に、続く言葉を書いてみてください。たとえば、「私は女性です」「私は四〇歳です」と他者がすぐ知り得ることから、私の長所、短所、興味のあること、子どもの頃の思い出、将来の夢など、思いつくままに書き出してください。制限時間は五分間です。

制限時間五分間に、二〇の空白を書き込めましたか。意外と難しいと思われませんか。では、時間をかけても結構ですから、全部埋めてください。私から一つ提案です。「私は死ぬまでに、〇〇をしてみたい」の〇〇を考えて書き入れてください。

チャレンジシート26 Who am ゲーム

1、私は

2、私は

3、私は

4、私は

5、私は

6、私は

7、私は

8、私は

9、私は

10、私は

11、私は

12、私は

13、私は

14、私は

15、私は

16、私は

17、私は

18、私は

19、私は

20、私は

この先は、「二〇の私」が埋められた後で読んでください。

最初の五個くらいまでは、比較的すぐに出てきます。「私は女です」など、他人が見てもわかることで埋めていけます。しかし、一〇以上になると内面がチラホラ出てきます。たとえば、子育て真っ最中のお母さんは子どもの育児の心配が半分を占めたりします。会社の人事異動で転勤になった方は、新しい土地や仲間や、業務のことに関連することが大半を占めるでしょう。

必死で出した最後の方の言葉は、自分では意外に感じませんか。それは潜在意識です。それも、私らしさの一部です。その私らしさと向き合って、自分が本当は何をしたいのか、何を求めているのか、何が楽しいのか、ということを考えてください。大切なのは、私が、私を見て、どのように感じ、どのようにしたいと思い、どのように行動するか、なのです。

無意識の私

ミステリー作家の夏樹静子さんが、腰痛との闘いを『椅子が怖い』という本にしています。突然激しい腰痛に襲われ、様々な治療を試みますが一向に治りません。庭の池を埋めたり、ハンドパワーなどの非科学的な治療にもすがりますが、回復の兆しは見られません。様々な治療を三年間受け続けた後に、たどり着いたのが心療内科でした。心療内科の医師の診断によると、腰痛の原因は心因性のものだということです。「意識の私」はミステリー作家として意欲に満ち溢れているのに、「無意識の私」は疲れて休みたがっている。それが腰痛という現象で現れたというのです。その診断を受け入れ、医師に一年間休筆をすると約束をして、やっと腰痛が治るという実話です。

チャレンジシート27　20の私の自己分析

①他者がすぐ知ることができる事実はどれくらいありますか？

⇒外面と内面のどちらを重視しているか、それは自分にとってどのような意味があるかを知る手がかりになります。

外面的なこと＿＿＿＿＿＿＿＿　　内面的なこと＿＿＿＿＿＿＿＿

②人に言いたくない、知られたくないことはどれくらいありますか？

＿＿＿＿＿＿＿＿＿＿＿＿＿＿＿＿＿＿＿＿＿＿＿＿＿＿＿＿＿＿

⇒隠していることは自己理解の手がかりになります。

③長所と短所などの悪いことの割合はどうなっていますか？

⇒半々の人は、比較的客観的に自分を見ています。悪いことが多い人は自分に厳しく、長所が多い人は楽観的な傾向があります。

④過去、現在、未来の割合はどれくらいありますか？

過去のこと＿＿＿＿　　現在のこと＿＿＿＿　　未来のこと＿＿＿＿

⇒自己の成長のためには、未来の理想があったほうが向上に繋がります。

⑤自分のことと、他者のことに関しての割合はどのようになっていますか？

⇒自分と周囲の人とのバランスがわかります。

自分＿＿＿＿＿＿＿＿＿＿＿＿　　他者＿＿＿＿＿＿＿＿＿＿＿＿

⑥その他に関して　人間関係＿＿＿＿＿＿＿＿　健康＿＿＿＿＿＿＿＿

趣味＿＿＿＿＿＿＿　　仕事＿＿＿＿＿＿＿　　お金＿＿＿＿＿＿＿

チャレンジシート28　私のベスト5

様々なことが出てきました。どの私もよい悪いではなく、私が思う私（自己概念）です。いかがでしょうか、自分の思わない自分の姿が出てきませんか？　では次に、20の私から、5つ代表的な私を選んで「私のベスト5」としてください。

1、＿＿＿＿＿＿＿＿＿＿＿＿＿＿＿＿＿＿＿＿

2、＿＿＿＿＿＿＿＿＿＿＿＿＿＿＿＿＿＿＿＿

3、＿＿＿＿＿＿＿＿＿＿＿＿＿＿＿＿＿＿＿＿

4、＿＿＿＿＿＿＿＿＿＿＿＿＿＿＿＿＿＿＿＿

5、＿＿＿＿＿＿＿＿＿＿＿＿＿＿＿＿＿＿＿＿

チャレンジシート29　私のタイトル

最後に私が思う私（自己概念）の総称となるタイトルをつけてみましょう。

私のタイトル＿＿＿＿＿＿＿＿＿＿＿＿＿＿＿＿＿＿＿＿

夏樹静子さんは発病して完治するまでに四年かかりました。意識と無意識のバランスを取るまでに、全部で四年の時間を必要としたのです。私たちが、自分の「らしさ」に気づき、自分の本当に望んでいることに気づくのは容易ではないのです。

Q1　あなたの気づかないあなたを発見できましたか？　それは何でしょうか？

Q2　あなたは何をしている時が楽しいでしょうか？

答えを出したいけれども出ない時は、セカンドオピニオン（第二の意見）として信頼できる友人や知人、カウンセラーや易学の専門家などに意見を聴くことは参考になります。ただし、最後の決断は自分でするすることが重要です。

「二〇の私」が出てない方もあせらないでください。時間は十分あります。答えが出るまでじっくり自分と会話をして考えてみましょう。求めていると無意識が味方してくれて、フッと教えてくれるかもしれません。

体調が悪い時も、自分の好きなことや興味があることをすると、いつの間にか元気になります。楽しく興味が持て、夢中になることは、大切な「自分らしさ」です。そして、その夢中になることをすることは生きるエネルギーになるのです。自分が楽しい、夢中になれることを探しましょう。

仕事を持とう

自分の能力を活かす

まもなく定年を迎える人が研修に参加する場合があります。その方たちが一様に言われるのは仕事ができるありがたさです。在職中は、会社や仕事の内容に対して、不満いっぱいで「仕事をしてやっている」と思っていた人も、仕事がなくなりそうになると、収入を得るだけでないありがたさに気づくようです。

居住している土地の事情で数字は変わると思いますが、全国的に見ても六五歳以上の高齢者の二三％は通常勤務の仕事を持っていて、何らかの形で仕事をしている人は四〇％弱になるそうです。

次の表を見ると、生活のために働く場合よりも、自分のために働くケースの方が多いことがわかります。六〇代以降も「働く」と答えた人に、その理由を聞いたところ、「働くことは刺激があって精神的によいから」が最も多いのです。

子育てや家のローンが終了して責任が軽くなった後は、自分のやりたい仕事にチャレンジすることができます。

ボランティアの仕事を持つ

一〇年近く前になりますが、「視覚障害者の歩行をお手伝いする方法」を、Tさんにボランティアで

働き続けたい理由（勤め以外の人）

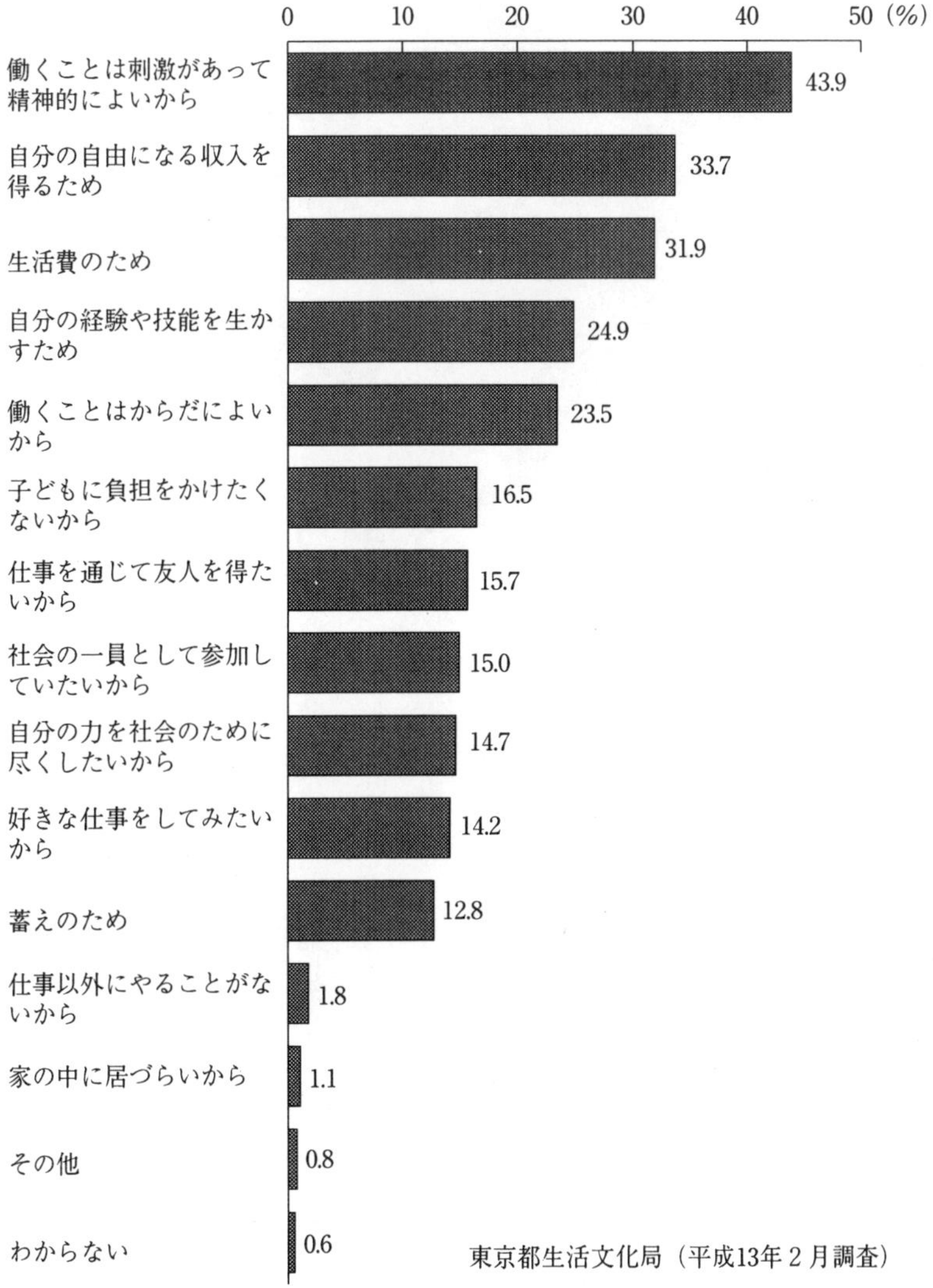

東京都生活文化局（平成13年２月調査）

ご指導いただきました。Tさんは子育てを終えた後に取り戻した自分の時間を、テニスやアートフラワーなどの様々な趣味で楽しんだそうです。「ある程度の技術までは上達するけれども、プロにはなれないことに気づいたの。何か空しさを感じてボランティアを始めると、汲めども尽きない面白さがあることに気づいて続けているの」と楽しそうにおっしゃっていました。趣味では満たされなかったものが、なぜボランティアでは満たされたのでしょうか。それは誰かの役に立ち、喜ばれている（貢献）実感でしょう。

ボランティアや貢献というと大層なことと思われる人もいるようです。しかしそのようなことはなく、誰かを助けたり喜ばせたりすることは、すべてボランティアになります。

自分の庭を美しくガーデニングすれば、道行く人の目を楽しませることができ、それはすてきな貢献になります。家族だけでなく、何かの集いの時に腕を振るっておいしいものをご馳走すれば、貢献になるでしょ

う。

　趣味で通っている日舞のお稽古仲間に、ご子息が院長を務める病院でデイサービスの「おやつづくり」を仕事にしている伊藤三千子さんがいます。先日も「南瓜団子」をご馳走になりました。初めて味わう懐かしい味のおやつでした。伊藤さんは料理の腕前を活かして貢献なさっていると思います。

　同じ趣味の仲間には、留学生に日舞をボランティアで教えている鹿田綾子（藤間綾蘇女）さん、子どもにお料理を教えている和田恵子さん、花好きが高じて寄せ植えや活け花を教えている有久美千子さんもいます。

　また、友人の清水万里子さんは、障害者スポーツセンターの受付をしていますが、保育園や幼稚園を訪問して得意の朗読で子どもたちを喜ばせています。一緒に旅行した時は朗読時に使用する蝋燭立てを買い求めていました。その姿はボランティアを心から楽しんでいる様子でした。

　講師の野元は手話サークルで、小山は介護の勉強をしたＮＰＯ法人「そよかぜ」で、それぞれ得意の喋りを活かしてイベントの司会のボランティアをしています。私の周囲を少し見渡しても、これだけ多くの人が自分の能力を活かしてボランティアをしています。

労働と仕事

ホリスティック医学を最初に提唱したエドガー・ケイシーの本にある、私の好きなエピソードを一つ紹介します。

一七世紀、イギリスの寺院の建築現場でのことです。寺院を設計した建築家クリストファ・ウレン卿が、建築現場を訪れて三人のレンガを積んでいる男に同じ質問をしました。

「君は何をしているのだね？」

最初の男は、「見ればわかるでしょ。レンガを積んでいるのですよ」と答えます。

次の男は「一日レンガを積んで、二、三シリング稼げるというわけです」と答えます。

そして、最後の男は「一日レンガを積んで、寺院をつくるお手伝いをしています」と答えました。

この話は、仕事に関して「何をするかではなくて、どのような意思でするか」の大切さを教えているように思います。ちなみに同じ業務をしていても、お金を得るための仕事は「労働」で、自分のためにするのが「仕事」と分ける考え方もあります。

寺院をつくる手伝いをしているという男の仕事には、意思と誇りがあります。結果、寺院をつくるという素晴らしい貢献ができるのです。
ボランティアと貢献の共通点は、他者の役立つこと、誰かが喜ぶことをすることです。誰しも喜ばれる実感は喜びと誇りになります。そしてエネルギーになるのです。

趣味を仕事にする

小学生の時から観世流の「お仕舞」をたしなみ、日舞を五〇年近く踊り続けている日舞の藤間紀蘇女《もとそめ》師匠は還暦をすぎていますが、声も仕草も愛らしくとてもそのようには見えません。師匠の踊りを観ていると、芸術の素晴らしさを感じることができます。

一〇年前の発表会でのことです。鷺の化身を表現する「鷺娘」を師匠が踊られました。舞姿を観ているうちに、時間と場所の意識がなくなり、恋の苦しみのため修羅の地獄に落ちていく「鷺娘」の苦しみと悲しみが伝わって

きて、思わず泣いてしまいました。舞台の幕が下りて、我を取り戻した時に、「これが芸術」と感動したものです。

何が芸術かを定義することは難しいことです。芸術には絵や音楽などありますが、それ以来、私の芸術の定義は「時間と場所を忘れさせ、異次元に誘うもの」と決まりました。

師匠の舞姿をご覧になった人形師の初代西頭哲三郎先生が、博多人形師後継者養成のための研修会の講師とモデルの要請をなさり、長く務められたこともうなずけます。

若い時から「踊るために生まれてきた」と言われ、「からだが動く限り踊りたい」とおっしゃる師匠ですが、自分の打ち込める趣味を人に教えることができる人は幸せです。

昨年、師匠はご自宅を新築移転されました。ご主人の言葉によると、「家内の日舞と、二台の車のための家です」だそうです。二台の車の一台は、リタイヤ後にはじめた薬局経営のための仕事用で、もう一台は、スキュバーダイビングやゴルフなどの趣味用に使用するプライベート用です。余裕があれば、最後にこだわるのは趣味でしょうか?

マズローも晩年になり、第六の欲求として「創造の欲求」をいっています。

「何をしたいか?」は退職する前の、それもなるべく早い時期から考えていたほうがよいに決まっています。なぜならば、やりたいけれどもその能力がなければ準備もできますし、未来に希望も持てますし、毎日の張りになります。

退職したと同時に老けたとか、痴呆の症状が出たという話はよく聞くことですが、活き活きとした老後を迎えるには、退職前から「待っていました」と言い、打ち込める趣味か仕事を持っていた方がよい

おいしいお菓子の
つくり方
1.
2.
3.

ようです。

早めに趣味を始めると、リタイヤ後はそれだけプロになれる可能性も高くなります。もちろん、今している仕事が趣味のように面白く、時間の経過を忘れるくらい大好きで、それをやり続けることができる人は生涯ずっとそのまま現役もいいでしょう。

一、自分がしていてとても楽しい
二、誰かが喜んでくれる
いくつになってもできるボランティアかプロとしての仕事を、今から探しましょう。

おしゃれを楽しむ

口紅一つで華やかに

「今年は振り袖にします」

「そう、最後の振り袖ね」

「はい」

師匠と舞い初めの衣装に関しての会話です。昨年は私が五〇歳を迎え、振袖は舞い初めでさえも五〇歳で限度という会話でした。

舞い初めも無事終わり、二週間ほどたったある稽古日、明石津矢子さんが入門しました。私の知る限り、福岡県で一番若々しくて元気で素敵な八四歳の女性です。
とても「おばあちゃん」なんて呼べない雰囲気をお持ちのマダムです。その秘密の一つはおしゃれです。

以前、演奏家の渡辺知子さんから「先日女性経営者の明石津矢子さんの『喜寿の祝賀会』の演奏をしたの。ところが、『明石さん入場』の声で入場した女性は振袖姿で、七七歳のはずなのに、四〇代にしか見えない人で驚いたのよ」と聞いていた方です。着物も洋服姿もおしゃれで、口紅もマニュキアもその時々で変化します。聞けば、帽子もテレビ取材を受けるほどのコレクションをお持ちです。

おしゃれだけでなく、福岡県で初めて設立された女性だけのライオンズクラブの初代会長も明石さんでした。テレビドラマ「金八先生」を書かれた脚本家の小山内美江子先生が主催されているカンボジアに小学校をつくる「ＪＨＰ・学校をつくる会」のボランティアに参加されています。また、日本の青少年の育成にも情熱を注がれています。

阪神大震災の折、田中康夫長野県知事がボランティア活動をしたのは有名な話ですが、その活動の一つが口紅を配ったことです。地震の瓦礫の中で、疲れきった女性たちが口紅を付ければ、まるで、モノクロ映画がカラー映画になるような変化が想像できます。

老人ホームでも「おばあちゃんにお化粧をしていると、側にいるおじいちゃんが髪を梳きだす」そうです。口紅の赤やピンクやオレンジ色に刺激を受けて、励まされ、周囲の男性も元気のパワーになるのです。

高齢者ほど明るい色を

七四歳の母には「喪服以外で黒色の洋服は着ないでね」と言っています。細身で二段鼻の母が黒を着ると、まるで魔法使いのおばあさんのようになるからです。高齢者になると地味になりがちですが、歳を重ねるほど華やかにしたほうがいいように思えます。

元気な高齢者はおしゃれを楽しんでいる方が多いのです。

ライフコンサルタントの長谷瑞子《はせしずこ》先生もそのお一人です。お約束をした時は、どんなに人の多い場所でも探す必要がありません。なぜならば、いつも赤やピンクなどの華やかな色をお召しだからです。もちろん先生も若々しいのは外見だけでなく、政治や世界経済にも詳しく、話題はつきません。

おしゃれは得

もう一つのおしゃれの効果は、周囲の人に大切にされることです。

あるお正月、毎年スーツでうかがっていたお年始に着物でうかがいました。たまたま他の会に着物で出席する必要があり、他意はなかったのですが、「奥へどうぞ！」と案内される態度は例年とは違い驚きました。

着物を着る機会が多い人にお尋ねしましたら、同じ答えが返ってきました。「銀行も、レストランも、デパートも着物姿で行った方が丁寧に応対される」というものです。

海外旅行の際、予約をしないでよいレストランに入るのは難しいことですが、それを可能にするコツがあるとすれば、雰囲気をよくするおしゃれをして行くことです。おしゃれな人は海外でも大切にされるというわけです。最近は師匠も、「私も喜寿のお祝いに振袖を着ようかしら」と言い出しました。

今まで、おしゃれに関心がなかった人も、装うことの効果を体験してみてください。難しく考えずに、今まで着なかった明るいシャツや、スタイルに挑戦してみてはいかがでしょう。

背広とパジャマしか着ていないと、リタイア後に何を着ればよいのかわからず、外出が億劫になるそうです。今から、外出できるおしゃれな普段着のセンスを磨きましょう。

企業人にとって身だしなみは、時と場合と状況に応じて相手に合わせ、雰囲気を壊さないことを心がけなければなりません。

しかし、仕事をリタイヤしてからは、自分や周囲の雰囲気を楽しくするおしゃれを楽しみましょう。自然の法則で老化するからこそ、自分のためにも周囲への配慮のためにも、男性も女性もおしゃれをする必要が年ごとに増すのです。

エネルギーが足りなくなった時でも、おしゃれによって誇りと余裕と元気と心地よさを味わえます。

好奇心を持とう

好奇心で日常が変わる

七五歳の私の母は、何にでも子どものように興味を示します。特に今まで出会ったことがないタイプの人に出会うとうれしいようで、何度もその人たちのエピソードを話すのです。

絵を描くことで、睡眠時間三時間でもご機嫌の美容師さん、いつも畑仕事に精を出している九〇歳の

元気なおじいちゃん、この方は何度も奇跡の命拾いをしている方です。そして、キティちゃんが大好な近所の子ども、散歩の途中で知り合いになった、七つの部屋を持つ家に番犬と暮らしている婦人などの話はすっかり覚えてしまいました。

　私の記憶にある限り、趣味の教室通いもカクテル作り、サボテン、観葉植物、ギター、社交ダンス、書道、カラオケ教室、油絵、水彩画、英会話、水泳など十指では足らず、次から次へと変わる中で、今現在は水彩画と、父と一緒に育てている家庭菜園に落ち着いています。

　講演など人の話を聞く場合、その話に興味を持っているか持っていないかで、時間の経過のスピードは違うものです。高齢者の日常生活も同じことがいえるでしょう。

　好奇心を持つと発見があり、日常は活き活きと変わってきます。反対に現状維持をしていると、目まぐるしい変化の現代には確実に取り残されることになるでしょう。

好奇心が行動を生む

疑似老人体験を嫌がる人がいます。身体に五キロのウエイトを着けたり、蝿男のようなゴーグルを着けますので、きついし恥ずかしいのでしょう。ところが、実際に体験すれば、例外なく「体験してよかった」と言われます。そして、「後悔しないように若い時にしかできないことをしたい」と新しい行動へのきっかけになっています。少しの好奇心が新しい行動への勇気を生むのです。

先日仕事でエンジェルに会いました。エンジェルとは、ベンチャー企業に出資する人のことです。「九州から世界に通用する技術やノウハウを発信する会社に出資する」、というコンセプトで設立した会社の社長に、「ベンチャーを志す人の課題や問題点は」と質問しました。

「技術やノウハウを結集した試作品→商品化→マーケティング→量産化→販売と様々なステージで、企業家が変化していくこと」と答えられました。商品の変化と共に、研究者→製作者→マーケッター→工場長→営業マン→経営者と変化しなければいけないというわけです。老後を快適にすごすためにも同じことが言えます。

若々しく歳を重ねている人は、現状維持に満足せずに、新しいことへのチャレンジ精神が旺盛です。「ミスタードーナツ」や「シュークリーム・カフェ」などのフードサービス業と旅行会社を経営している粥川《かゆかわ》昌典社長もそのお一人です。戦後間もない頃に、博多の川端商店街に、すべてのテーブルに電話をおいた二四時間オープンの喫茶店を開店した方です。

今ではあたり前の鉄板焼きステーキを日本で初めてメニューに載せた時は、当時のベテランコックさんにずいぶん非難されたそうです。現役のマスターとしてお店に立っていた社長は、英会話も流暢で当時の博多に英会話ができる人が少なかったこともあり、アメリカ人のお客様も賑わうお店だったそうです。七二歳をすぎて新しいスタイルのカフェを次々とオープンさせ、ますますお元気です。

企業のトップだから新しいことができるのではないと思えます。一三〇冊のビジネス書の著書があり企業コンサルタントの二見道夫先生は、読書はもちろん、評判の映画は必ず観るようにしているそうです。出張以外の旅行に加えて、「私は一年に一つ新しいことを始めるようにしています。その一つが数年前からの富士登山です」とおっしゃいました。一三〇冊の著書が、ホスピタリティ、営業マン、リーダー論、心の知能指数ＥＱ、最近の著書では『パチンコの経済学』と、多岐にわたるのも好奇心が旺盛だからに他なりません。誰でもできそうでできないことを実践して若々しいのです。

細胞が活性化する

聖路加国際病院の名誉院長である日野原重明先生は、「成人病」を「生活習慣病」と呼び方を変え、よい習慣で病気を予防できることを提唱し、ホスピスの設立、人間ドッグの導入などで医療業界の革新をなさった方です。現在「新老人運動」を推進する先生は「老いることもまた楽しからずや、創《はじ》めることを忘れなければ」（哲学者マルティン・ブーバー）と「七五歳の手習い」を推奨していらっしゃいます。ご本人は九〇歳になってレオ・バスカリアの原作によるミュージカル「葉っぱのフレディ」の脚本に挑戦なさいました。

今までと違う何か新しいことを始めると、からだはいくらか老化していても、新しい感覚や発見があります。そうすると細胞が元気になり、頭や心は活き活きして休むことはないように思えます。

「もう○○歳だから……」、「もう年だから……」という台詞は、元気で快適な老後をすごそうとする人には禁句です。好奇心を持って、やってみたいことにチャレンジしましょう。

Q1　最近何か挑戦したことがありますか？
Q2　将来ぜひ挑戦したいことがありますか？

朝と夜を楽しくする

ストレスと病気

一日の積み重ねが人生ならば、まず一日を楽しくすごすことができれば、一生も楽しいはずです。しかし、避けてもついてくるのがストレスです。

「ストレスとはスパイスのようなもの」と、適度なストレスの必要性を説いたのは、ストレスという言葉を初めて使ったハンス・セリエ博士です。しかし、この良いストレスも含めて、ストレスが増えると体調に影響をあたえるという研究をしたのがホームズとレイです。二人の精神科医が、二〇年かけて五〇〇〇人の人を対象に、ストレスと病気の関係を研究し、その関連性を証明しました。伴侶の死亡を一〇〇の指数として、様々な幸不幸を指数にして計算し、昨年一年間のストレス指数の合計を出します。その指数の合計と現在の健康状態を比較すると、指数が高くなるほど明らかに体調に悪い影響を及ぼ

ホームズとレイの研究（『ストレスの科学と健康』より）

社会再適応評価尺度

順位	出来事	生活変化単位値	順位	出来事	生活変化単位値
1	配偶者の死	100	23	息子や娘が家を離れる	29
2	離婚	73	24	姻戚とのトラブル	29
3	夫婦別居生活	65	25	個人的な輝かしい成功	28
4	拘置、拘留、刑務所入り	63	26	妻の就職や離職	26
5	肉親の死	63	27	就学・卒業・退学	26
6	けがや病気	53	28	生活条件の変化	25
7	結婚	50	29	個人的な習慣の変更	24
8	解雇	47	30	上司とのトラブル	23
9	夫婦の和解調停	45	31	仕事時間や仕事条件の変化	20
10	退職	45	32	住居の変更	20
11	家族の病気	44	33	学校をかわる	20
12	妊娠	40	34	レクリエーションの変化	19
13	性的障害	39	35	教会活動の変化	19
14	新たな家族成員の増加	39	36	社会活動の変化	18
15	職業上の再適応	39	37	約230万円以下の抵当または借金	17
16	経済状態の変化	38	38	睡眠習慣の変化	16
17	親友の死	37	39	親戚付き合いの回数の変化	15
18	転職	36	40	食習慣の変化	15
19	配偶者との口論の回数の変化	35	41	休暇	13
20	約230万円以上の抵当（借金）	31	42	クリスマス	12
21	担保、貸付金の損失	30	43	ささいな違法行為	11
22	仕事上の責任の変化	29			

合計が150以下の人	20%	の人が体調に悪影響
150～250	50%	の人が体調に悪影響
300以上	80%	の人が体調に悪影響

していることが証明されたのです。

心理学の講習会で、このストレス指数の自己判断を、講師の小山と一緒に受講しました。私の前年のストレス指数はわずか三五でしたが、父親の入院や子どもの受験などで小山の指数は三〇〇を越えました。普通でしたら八〇％の人が病気になる指数ですが、小山はとても元気です。その秘密は彼女の食欲にあるとにらんでいます。どのようにハードな仕事が続いても、彼女の食欲が落ちることはありません。海外旅行などで、食事をする時間になると彼女は俄然元気になり、早足になります。要するに、胃袋がとてもタフなのです。疲れると食欲がなくなる私にすれば、彼女のタフさがうらやましくてなりません。

五感に栄養を

心身症やうつ病になると、五感が鈍くなり美味しいものを食べても「美味しい」と感じなくなるそうです。ですから、その治療方法の一つには、意識して五感に気を留めて、感じたことを口に出すというのがあるそうです。たとえば美味しいものには「美味しい」、香りがすると「いい香り」、入浴して「あーいい気持ち」と声を出すわけです。

私たちはおいしいものをいただくと幸せな感じになります。ストレスを解消するキーワードは、五感（味覚・触覚・聴覚・嗅覚・視覚）に栄養をやることです。五感が喜ぶと、人間本来の元気を取り戻すことになるのです。心が疲れた時にすぐできる気分転換を挙げてみました。

ティータイムを取る、菓子を食べる、旬の味覚を味わう、シャワーを浴びる、散歩する、音楽を聴

く、楽器を演奏する、植木に水をやる、星空、青空、花などの身近な自然の景色を見る、絵画、映画、ビデオを楽しむ

この五感を喜ばせることを、積極的に朝と就寝前に活用してみましょう。

朝と夜には楽しいことを

オセロゲームというゲームをご存じでしょうか。八×八の碁盤の目を、白と黒が表裏になった丸いコマを進める二人用のゲームです。白側と黒側に分かれ、交互に相手のコマを挟むように自分のコマをおき、挟むと相手のコマを自分の色に変えるゲームです。

そこで仮によいことを白のコマ、嫌なことを黒のコマとし、朝と就寝前を白にする（自分の心地よいことをする）工夫をすればその一日が白になりませんか？

乗るはずだったバスに乗り遅れたり、雨の日に車が通りすぎたと思ったら泥をはねられたり、一日の中では、必ず嫌なことの一つや二つはあります。嫌なことは黒のコマです。それを朝夕の楽しい白いコマで挟めば、一日が白になるというわけです。楽しい白は単純なことでよいのです。たとえば、朝は好きなコーヒーや紅茶、庭の鉢植えの水遣りなどを楽しい気分でする。また夜はゆっくりお風呂に入る、お酒をたしなむ、好きなビデオ（本・CD）を楽しむ、好きな趣味の時間にする、いい気分にしてくれる愛読書を読む、楽しい思い出のアルバムを見る。メニューは多いほうがいいでしょう。

五感を満たしてストレス解消

チャレンジシート　30　気分転換

心が疲れた時にすぐできる気分転換を挙げてみましょう

1、味覚

2、触覚

3、聴覚

4、嗅覚

5、視覚

五感は五つの感覚が個別に存在するのではなく重複します。たとえば味覚を楽しむ時には、歯ごたえや舌触りの食感、「目で食べる」視覚、食材や調理法による嗅覚、ジュージューと焼ける音など五感すべてが食で満たされます。また音には振動があり、聴覚障害を持つ人も床に触れたり風船を持ったりして、振動で音楽を感じることができます。

真っ赤のスーツを「勝負服」として記者会見にのぞんだのは川口順子外務大臣ですが、色はエネルギーを持っています。赤はパワー、青は落ち着き。黒は威厳、ピンクは可愛さや優しさ、白は清潔感や精神性、空色は爽快さ、緑は安らぎ、黄色は陽気などのエネルギーです。ネクタイやマフラー、ハンカチなどの小物に手軽に色を使うことで、欲しいエネルギーを取り入れることができますのでお試しください。

音楽が癒しになるのがわかったのはベトナム戦

争の後です。傷ついた人の心を慰めるための音楽による慰問団が病院を訪れた後、治療効果が上がったとの病院からの報告が相次いだからです。

音楽で癒すならクラシック音楽だと思っている人もいますが、心地よくなる音楽ならば何でもいいそうです。軍歌が好きな人は軍歌、歌謡曲が好きな人は歌謡曲、ジャズ好きな人はジャズを聴いたり歌ったりして楽しめばよいのです。

五感の中で注目すべきは触覚と嗅覚です。子育ても介護も、心地よいタッチング抜きでは考えられません。ペットと遊ぶのはもちろん、植物や土に触れる「土いじり」、陶器作りや蕎麦打ちも触覚の要素があります。宇宙飛行での食料研究の目的で育てられた麦の穂を、飛行士のストレスが高まるほど触れる回数が増えたとの報告もあります。

手軽で効果があるのは香りです。試せば実感することですが、一瞬で気分が変わったりします。脳に一番近いところに嗅覚があり、刺激が早く伝達されるからだそうです。

朝は爽やかな香り、夜はリラックスするアロマと使い分けるのを習慣にするのもお勧めします。「香りなんて」と気恥ずかしく思われる男性もいらっしゃるでしょうが、朝は整髪剤、夜は入浴時の石鹸の香りに意識を向けるだけでもいいのです。茶道も、香道も男性が極めた高尚な趣味です。試す価値はあります。

一年に何回か風邪を引くように、ストレスの状態になる時は必ずあります。快適な老後をすごすためには、ストレス解消を積極的にしましょう。

それには、朝と夜に、五感を喜ばせる習慣が効果的です。

黒を白に。

チャレンジシート　31　セレモニー

朝のセレモニー

香り

飲み物

エクササイズ

夜寝る前のセレモニー

香り

飲み物

エクササイズ

武智さんに学ぶ

太平洋上を三七日間漂流し、二〇〇一年八月二六日に救助された長崎の漁船船長、武智三繁さんの手記が、九月一九日から「長崎新聞」に掲載された。その一部を紹介します。水や食料がほとんどなくなった頃の話です。

コーヒーが飲みたい！　空のコーヒーボトルの底にわずかにコーヒーが残っていた。においをかいでみた。コーヒーの香り、好きなコーヒーを飲んでいる気分に浸れた。また、船中にあったせっけんとシャンプーの香りもかぎました。すると疲れていた体をゆっくり、ふろにつかっている気分になりましたね。

コーヒーや石鹸のわずかな香りを、好きなコーヒーを飲んでいる味覚や、お風呂につかっている触覚にまで広げていけるイメージの力が、武智船長の生命力の強さだと思いました。

武智船長の「人間ってなかなか死なないもの」という言葉は、二〇〇一年度の流行語大賞になりました。その後、武智船長は遭難体験を『あきらめたから生きられた』という題名の本にされました。この「あきらめ」は「諦念」といい、現実を受け入れて本質をはっきり見極めることです。

五感の豊かなイメージ力だけでなく、東洋的な武智船長の考えから、私たちが学ぶべきことは多くありそうです。

善意でしたことを思い出す

イギリス人の仏教の僧侶から聞いた話です。不幸な状態で、孤独や苦しみの中で死を迎えようとしている人に「あなたが善意でしたことを思い出しなさい」と言うそうです。

「道を尋ねた人に親切に教えた」、「子どもの頃、可愛がっていたペットに餌をやり、育てた」、「バスで席を譲った」、「悲しんでいる友人と一緒にすごした」、「集まりの幹事をした」など。

その言葉を言われた人は最初は怪訝そうにしていても、段々思い出すにつれて、表情が幸せそうになるそうです。誰しも善意の行動は必ずあるものです。

寝る前に私も試してみました。「バスの中で小銭を持たない人に両替してあげた」、「今日はお天気なので、植木に水を十分あげて、太陽の光が射す場所に置いた」、「先日、研修先でお世話になった方に礼状とお菓子を送った」、「月見団子を、両親に届けた」、「友人の好きなCDを録音してプレゼントした」……。いつの間にか眠ってしまいました。相手の喜んでいる姿も思い出せれば、効果は倍増。他人が喜ぶ様子はエネルギーになります。この幸せに眠る方法が身についてくると、人に親切になる効用もあります。

睡眠前の一〇分間に思うことは、睡眠中でも完全に眠らない潜在意識に影響をあたえるそうです。睡眠時間は人生の三分の一、幸せな眠りのために善意でしたことを思い出しましょう。幸せな眠りはエネルギーを生みます。五感をかわいがることに加えて、眠れない夜に試してみてください。

信条と優先順位を決めよう

信条を決める

「清く、正しく、美しく」とはご存じのタカラジェンヌのテーマですが、私たちも自分のオリジナルなテーマというか、信条を持っていた方が理想とする行動に結びつくようです。

たとえば「他人には思いやりを持って優しく」と意識では思っていても、無意識が「あの人、虫が好かない」と反対したりしますので、「他人には思いやりを持って優しく」と信条を決めると後悔しない行動になりやすいのです。ありたい私になるために、信条と優先順位を決めましょう。

かつて一緒に働いていた猿渡由紀さんは「ウキさん」と呼ばれる笑顔の素敵な女性です。彼女は口癖のように、「私のモットーは『棚からぼた餅』です」と言っていました。言葉だけ聞きますと、努力をしない人と誤解されますが、決してそうではなく、「人事を尽くして天命を待つ」に近いものなのです。現代女性らしいドライで照れを感じる表現ですが、立派な由紀さんらしい信条だと思います。

また、高校時代の同級生に、四人の男の子を育てた梅林洋子さんがいます。子だくさんの彼女へ様々な言葉に対して彼女は、にこやかに毅然として「日本の未来のために、日本の将来を担う子どもを育てる」と答えていました。「一流企業に入る子ども」でないところが素晴らしい信条ですし、「プロの母親」と尊敬しました。

信条は、他者に喜ばれるもの、他者の役に立つものがエネルギーを増すようです。

また、信条は自分への言霊でもあります。つい忘れがちなことですので、額装し壁に掛けたりカードに書いて目につくところに置いたり、手帳の片隅に書くなどして忘れないための工夫をすることをお勧めします。

優先順位を決めよう

岡山市在中の親友の垣内美津子さんは、家族と読書と映画と家が好きでヨガやエクササイズに励む好奇心旺盛な人です。その彼女が里帰りで我が家に寄りました。先日きた折に、「おいしい!」と感激していたケーキとチョコレートを買っておこうか、と尋ねました。「ケーキはぜひ食べたいからお願い、でもチョコレートは、私のお菓子の優先順位では低いのでいいわ」と言うのです。「ウム、お菓子に対しても優先順位を決めていれば、悩まずに決断できる」と、お菓子の選択で親友を改めて見直しました。

私たちが迷うシーンは多いものです。入浴か食事かどちらを先にするか。雨の日の外出予定をどうしようか。集まりの案内状がきたけれど参加しようか。どんなことでも自分のなかでの優先順位を決めていると、行動がスムーズに行えるのです。

イギリスにホームステイした人が必ず戸惑うことがあります。夜間トイレを使用した時に水を流さない習慣がイギリスにあるからです。朝起きてトイレに行った日本人は、最初は驚き不快になります。イギリス人は、次に使う人のために清潔にするよりも、夜間眠りに就こうとしている、または眠りに就いている人の気分を、水を流す音で妨げないことを優先しているのです。それまで育った文化や環境、価値観で人それぞれ優先順位が異なるのは当然です。

仕事が効率よく、スムーズに進められるか進められないかは、優先順位をキチッと決められるか否かにあります。ポイントは二つです。

ポイント1は、緊急度に応じて
ポイント2は、重要度に応じて

緊急度は比較的わかりやすいのですが、重要度となると意外とわかりにくいのです。重要度の意味は「問題が生じたり拡大した時に、影響が大きいもの」です。

日常の様々な行動に優先順位をつけて、改めてこの二つの基準で見直してみてください。研修でこのカリキュラムを実施すると、九〇％の人の優先順位が変化します。たとえば、企業研修で「自己啓発」の重要度を低く位置づける人は多いものです。しかし現代のように不況が拡大した時には、自己啓発を優先して、新しい能力を身につけた人がエネルギーいっぱいに仕事をしています。快適な老後も同じです。

チャレンジシート　32　行動の優先順位

優先順位 1

優先順位 2

優先順位 3

優先順位 4

優先順位 5

自分の人生の大切なものを見失わないためにも、自分の人生の優先順位を決めておくことは後悔をしない決断をすることになると思います。

仕事、家庭、趣味、友人、誇り、名誉……人間にはいろいろ大切なものがありますが、あなたの優先順位はどうなっていますか。整理しておきましょう。

「定年が近づくと、家族に優しくなる人が多い」と銀行勤務の友人から聞きました。責任ある立場であれば、致し方なく仕事を優先順位にしなければいけないでしょう。しかし、リタイヤすればその会社はなくなってしまいます。会社ですごしていた時間が空白になるわけです。その時に家族に捨てられたりしないように、早めに手を打つということでしょう。

「失って初めてわかる大切さ」にならないように優先順位を明確にしておきましょう。

実践の継続がパワーになる

「私の信条」
一、一日一善
一、和
一、
一、
決めたんだ
信条を貫く
家庭で…
会社で…

チャレンジシート　33　私の信条

仕事に関してと、プライベートに関しての信条を公私３個ずつくらい考えてみませんか。

公

1、

2、

3、

私

1、

2、

3、

柴本潤子さんは、博多中州でカラオケを置かない数少ないスナック「メンバーズ潤子」のオーナーママです。お酒は一滴も飲めませんが、彼女の話術と人柄とスタッフへの行き届いた躾《しつけ》で、不景気のなか、よいお客様でお店は賑わっています。

最近、その潤子さんが「昔参加した安藤正春さんの話し方教室に、誘ってくれて感謝している」と言うのです。人材派遣会社に勤務していた折、スタッフ教育のために、当時テレビ西日本のアナウンサーだった安藤正春さんに講師をお願いして勉強会をしていました。潤子さんもお誘いしたところ参加したのです。

その授業で「言葉の表現力をつけるために、移動している時は車窓の外の景色を言葉にすること、それともう一つ、たとえば煙草一つを六つの形容詞で表現すること」がありました。その時以来、その言葉を一五年間実行してきて、今は季節や町の状況のわずかな変化にも目が行くようになり、物事を多面的に見定め、それを言葉で表現する習慣がついたというのです。

同じ言葉を聞いても、実行する人と忘れる人では、天と地の違いが生じることを友人から教えられました。まさしく継続は力です。

同じように継続して初めてわかったことがあります。それは「実践人の会」という勉強会で、「地球家族」という無添加石鹸を扱っている株式会社ユーテックジャポンの吉田又康《ゆうごう》社長が講演された内容です。その話は、「無添加石鹸は地球に優しいが、汚れ落ちはよくない」ではなく、「地球にも優しく、汚れ落ちもする」と、私の間違った認識を変えたものでした。

その講演の三カ月後に、北九州青年会議所主催の新年会にお招きいただきました。配席表の隣席は、前から一度お目にかかりたいと思っていたシャボン玉石鹸の森田光徳社長でした。演奏家の渡辺知子さんが共通の友人でもあり、会話が弾んで時間がすぎ、閉会の折、森田社長が鞄から無添加石鹸の小袋を差し出されました。早速、その日の入浴から使い、使い心地もよいので、なくなるつど電話で注文をし、シャンプー、リンス、台所洗剤まで、約三カ月後にすべての洗剤が無添加になりました。台所洗剤を使い出して、「地球に優しいだけでなくて、汚れもきれいに取れるのだった」と実感しました。六カ月前の話をすっかり忘れていたのです。理解したつもりでしたが、本当にわかってはいなかったのです。使ってみてやっと本当にわかりました。

私たちは、知識や情報を知っただけで「うん、わかった」と何となく満足感を持ちます。しかし、実際に使わなくては何もなりません。快適な老後を迎えるための最後のキーワードは実践の継続です。

お金か健康かの究極の選択をすれば、多くの人が健康を選ぶでしょう。しかし二一世紀の健康の定義は、心身の健康と精神性です。心身の健康と精神性とは、その人がどう生きたかの結果です。

楽しく快適な老後を迎えるためには、生き方を見直す必要があるのです。

古代エジプト民族は、死後の旅路を続けられるかどうかが、神オシリスの二つの質問にどのように答えられるかにより決まったと信じていたそうです。

その第一の質問は、「あなたは人を幸福にしましたか？」

第二の質問は、「あなたは自分の幸福を見つけましたか？」

さて、あなたは何と答えるのでしょうか？

おわりに

タイトルに「四〇歳すぎたら考えたい」としたのは、三〇歳代まではなかった「老後生活設計への不安」が、四〇歳から、「最大の悩み、不安」の一位になり、年々高まりからです（国民生活調査より）。

四〇歳は、平均寿命八一歳（男性七七・六四歳、女性八四・六二歳）の半分にあたり、人生の中間地点になります。老いに向かうこれからの四〇年を漠然と考えて不安になるのかも知れません。そうであるなら、不安感に背を向けずに老後に積極的に向かえば、不安解消ができるのではないかと考えました。

人生の時期の分け方は様々ですが、二五歳までを学ぶ期間（助走期間）、二五歳から四〇歳までは一生懸命働く期間（ホップ期間）、四〇歳からリタイアまでを、働きながらリタイア後への準備をする期間（ステップ期間）、そしてリタイアからを、人生を享楽するジャンプ期間としたものを選びました。老後こそ縛られるものがなく、自分の本当にしたいことが実現できる、人生を開花させる時期と考えれば、積極的に老後に向かう勇気も湧いてきます。もちろん五〇歳でも、五五歳でも、六〇歳でも遅くはなく、開花期のジャンプに向けて、その年齢でできるステップを踏めば、老後はより快適に変わってくると思います。

人生の終わり方は、介護を受けながらの人もいれば、亡くなるまで元気な人もいて様々です。先進国の中では寝たきり率が一位といわれる日本ですが、亡くなる直前の入院期間が一カ月以内の、介護と無縁の状態で亡くなる方が八八％にもなるというデータもあります。ピン、ピン、コロリの頭文字を取り「ＰＰＫ運動」という、死ぬまでは前向きの発想や適度な運動、食生活などで免疫力を高めて、元気に生活しようとする運動もあります。本書は、こうした自立した高齢者をイメージして書き進めました。

この本は、ぜひとも男性にもお読みいただきたいと願っています。なぜならば、女性は就職・結婚・退職・出産・再就職とライフステージの変化が多く、肩書きなどで判断されることが少なく、一人の人間として自分の人生を考える機会は多いと思います。それに比べて、男性は仕事中心の生活を送りがちで、リタイアして始めて、仕事以外の自分の人生を考えるケースが多いと思えるからです。国内外を問わず、旅行に参加する高齢者は、時折ご夫婦を見かけたりしますが、女性グループが中心で、男性グループはいません。男性にもご自分の開花期に向かい、ぜひジャンプしていただきたいのです。

最後になりましたが、今回の出版にお力添えをいただいた方々にお礼を申し上げます。

企業コンサルタントの二見道夫先生にお目にかかる機会に恵まれました。「いつか自分の主張を本にしなさい」と言われ、私が書くならば活き活きした高齢者になるための提言しかないと思い始めました。中村学園大学の福田靖教授は、先生が西日本銀行の監査役時代より、私の講師業の指導をしていただいた方です。推敲をしていない状態の原稿に、アドバイスとたくさんの資料をくださいました。超多忙な時期に、わがままな生徒への指導を優先してくださり感謝にたえません。

財団法人日本心身医学協会の池見隆雄事務局長、実践人研修会の福岡代表帆足行敏先生、メンタルヘルス協会の林恭弘先生にも、ご指導と励ましをいただきました。

数多くの友人知人に登場いただきました。一八歳から九〇歳の友人の共通点は、活き活きと人生を楽しんでいることです。この方たちがいればこそ、この本が完成したといっても過言ではありません。お読みいただく方には関係のない人かも知れませんが、皆様の周囲にも「同じようにすてきな人がいる」と身近な人と重ねて読んでいただければ幸いです。

「スタディオ・パラディソ」を主宰する森山英子さんと、ファイナンシャルプランナーの服部美江子さん、イラストを描いてくれた入江千春さんとの出会いも同様です。服部美江子さんには、推敲も手伝だっていただきました。電話とＦＡＸのやり取りを深夜までおつきあいいただきました。豊かな才能と感性を持つ入江さんは、親しみやすくて力のあるイラストを描いていただき、この本のもう一つの魅力が生み出されました。

お互いが啓発をし合う交流からこの出会いが生まれました。他の仲間も含めての交流がなければ、この本は完成しませんでした。また、家族の協力を受け、そのありがたさも再確認しました。

本の完成は私の夢でしたが、書き進めるうちに私自身の反省すべき点や問題点、課題が少しずつ見えてきました。これから私自身も快適な老後のイメージを明確に持ち、楽しい老後生活を目標に掲げて実践していきたいと思っています。お読みいただいた皆様方が七つのヒントの中から一つでも「快適な老後」のためにお役に立てていただければこの上ない幸せです。

二〇〇二年三月一八日

秋月枝利子

■執筆者紹介

秋月枝利子（あきづき・えりこ）

福岡県に生まれる。有限会社秋月オフィス代表取締役、中小企業大学直方校研修指導員、日本産業訓練協会九州支部専任講師、福岡商工会議所企業研修センター講師。フードサービス業を経て人材派遣業務で営業職と教育担当を兼務する。その後、アクティオ株式会社福岡営業所取締役所長として教育コンサルを実施。平成八年に、企業に密着した教育を目指し有限会社秋月オフィスを設立。

有限会社秋月オフィス

〒八一二—〇〇二六

福岡市博多区上川端一四—三〇—四〇三

電話　０９２（２７２）２２６６

ＦＡＸ０９２（２８１）００２２

形と心が一体になったホスピタリティ教育を実施し、ショッピングセンター協会主催の接客コンクールには毎年九州代表を送る。その他、潜在能力を引き出す自己啓発研修を女性管理者や一般管理職研修で実施する。高齢者対応を目的とした疑似老人体験をプログラムの普及をつうじて、日本に元気な高齢者を増やすことを推進する。

有限会社秋月オフィス・スタッフ

小山紀代子　アソシエイト講師

全日空輸株式会社に五年間勤務。スチュワーデスとして国際線チャーター便及び国内線全線に乗務するかたわら、インストラクターとして後輩の指導も担当する。その後、企画会社のマネージャー、フリーの司会者を経て秋月オフィスの講師として九電工、ＪＲ九州車掌研修などを実施。高齢者の福祉の重要性を知り、ヘルパー二級資格を取得。

野元朋子　アソシエイト講師

ハニーファイバー株式会社社長秘書として五年間勤務。企画会社のマネージャーを経て秋月オフィスの講師となる。博覧会のコンパニオン教育、結婚式場、ＪＲ九州車掌研修などを実施。手話と英会話を学び、共通のコミニュケーション要素であるボディーランゲージのカリキュラムはユニークである。

阿刀純子　顧問講師

オフィス・ユージ代表、トータルコーディネーター。服飾デザイナーの母について学び、一九九〇年オフィス・ユージ設立。カラー、香りを使ったライフスタイルの提案を講演活動などで行っている。

岩本須麻子　顧問講師

有限会社エス・ケイ・ピー・アット代表取締役。デパートや専門店、小売店スタッフを対象に商品計画とその展開方法、陳列方法とディスプレイの指導を通じて、お客様が選びやすく買いやすい売り場づくりの指導をする。

森山英子（もりやま・ひでこ）

福岡県に生まれる。学生時代にエアロビックダンスに出会い、卒業後渡米し、日本人で初めてアメリカエアロビックフィットネス協会の公認インストラクターとなる。一九八六年にスタディオパラディソを開設。

有限会社スタディオパラディソ代表取締役、福岡大学スポーツ科学部非常勤講師、九州スポーツクラブ協議会理事、健康運動指導士（厚生労働省）、ヘルスケアトレーナー（厚生労働省）、社団法人日本エアロビックフィットネス協会代議員。

生活習慣病の予防と改善、転倒予防、いきいきライフを目的とした中高年齢者の健康づくり運動及び健康づくりのエアロビックダンスを通して、いきいきとした人が増えることを目的に、フィットネススタジオの経営、インストラクターの養成、その派遣、全国の企業、公官庁などでの講演活動などを行っている。

服部美江子（はっとり・みえこ）

愛媛県出身。四年間の損害保険会社勤務後、専業主婦になる。三人の子供に恵まれるが、長男が生後六カ月の時、重病を患いその後遺症でハンディキャップを持つ。その治療・リハビリのための病院通いで生活が苦しく、それを克服するために家計管理の手法を学び実践した。二〇年間三人の子育て、治療、療育、家庭運営と前向きに取組み、その家計管理の体験を綴った文章は日銀・金融広報中央委員会の作文コンクールで優秀賞を受賞する。子育て終了を機に家計管理・資産運用の経験から、以前から興味を持っていたファイナンシャルプランナーの勉強を始め、二〇〇一年にＣＦＰの資格を取得。現在はセミナーやＦＰ養成講座の講師、公的機関個別相談員などを務める。自己責任の時代に家計管理・資産管理の重要性を伝えるために活動している。

ファイナンシャルプランナー、日本ＦＰ協会会員。ＡＦＰ養成講座講師、公的機関個別相談員、福岡市女性センターアミカス主催「働く女性のための経済講座」講師、エフコープ生協主催「ライフプラン講座」講師、その他、証券会社、働く婦人の家、公民館などのセミナー講師を務める。

email:miekoha@dk.mbn.or.jp

■本書で紹介された講座などの連絡先

日本ウェルエージング協会　会長　生野重夫

高齢者疑似体験（インスタントシニア）。

日本ウェルエージング協会は、昭和二八年に設立したわが国最古の高齢者問題NGO（非営利団体）。高齢者に関する理解を深めるために、カナダオンタリオ州政府が開発した七五歳の老人を疑似的に体験できるインスタントシニアプログラムの普及に努めている。

〒一六二—〇八〇八

東京都新宿区天神町六六　ビューロー天神町4F

電話　03（3268）5211

FAX　03（3268）5214

（担当者　小駒恭子）

財団法人日本心身医学協会　事務局長池見隆雄

心療内科を日本で始めて創設した九州大学医学部名誉教授池見酉次郎が設立。会報「セルフコントロール」を通じて、「調身・調息・調心」教室、「エンカウンター・グループ」など心と身体を一体とした講座を実施。

〒八一五—〇〇三二

福岡市南区塩原三—一三—二三

電話　092（553）1619

FAX　092（552）5735

社団法人実践人の家　福岡実践人研究会代表　帆足行敏

「人間の生き方」を懇切・平易に説いた哲学者森信三により創設される。

〒八一〇—〇〇〇一

福岡市中央区天神四—一—一七　福岡天神ビル5F

（株）大和不動産研究センター内「実践人研修会」事務局

電話　092（565）4413

FAX　092（565）4413

日本メンタルヘルス協会　代表者　衛藤信之

実施講座、心理学ゼミ。講師・林恭弘。

吉本凮心理学という異名を持ち、全国で好評。日常の事例をふんだんに取り入れ、ユーモアあふれる講座内容のなかにも、カウンセリング心理学の本質が学べる講座を開催。

〒五四二—〇〇八一

大阪市中央区南船場四—一—一七　船場MKビル6F

実施場所　東京・名古屋・大阪・福岡。

電話　06（6241）0912

FAX　06（6241）0913

教育フォーラム福岡　代表者　木村貴志
実施講座、感性教育実践講座。
講師・小田全宏（日本政策フロンティア代表）。
企業人、主婦、教師、様々な立場の方が受講している楽しく元気になる人間学講座。本年度で六期目を迎える。
人間が生き生きと生きるための力の源である「感性」をいかに磨くかをテーマにした連続講座。
〒八一二―〇〇四四
福岡市博多区千代四丁目二九―二四　三原第三ビル3F
実施場所、アクロス福岡（教師向けの師範塾は、東京・大阪・名古屋・広島・福岡で開催）。
電話　092（642）8878
FAX　092（642）7889
（担当者　古賀亜衣子）

株式会社マインドクリエイティブ
代表取締役　宇野由紀子
言葉はコミニュケーションの基本です。ビジネスでも日常会話でも使える話し方のコツが学べる教室です。人前で緊張するなど、話が苦手な人でも発声、表情、話の組み立てなどのコツを学んで自信をつけ、感性を磨き魅力ある話し方を学ぶ教室です。プロコースもあります。
〒八一〇―〇〇二三
福岡市中央区警固二―二―二三
ウイングコート警固2F
電話　092（752）7700
FAX　092（752）8777

Manna（マナ）キッチン　代表者　水口佳香
マクロビオティック・クッキングクラス
日本の伝統食を基本にしたシンプルな料理教室です。穀物と旬の野菜のみでおいしくてヘルシーな料理ができます。つぶつぶ（穀物）やお菓子のクラスもあります。レストラン&カフェも併設しています。
〒八一〇―〇〇一五
福岡市中央区那の川二―九―三〇
電話　092（525）4147
FAX092（525）4147

翼法律事務所　弁護士　原田恵美子、塩田裕美子
気安さとわかりやすさをモットーに弁護活動を実施しています。様々な分野の方と知恵を出し合い、総合的・複眼的な見方で問題解決を図っていきます。
福岡県弁護士会高齢者・障害者委員会委員、高齢者・障害者綜合支援センター「あいゆう」及び「福祉の当番弁護士」登録弁護士

〒八一〇―〇〇四二
福岡市中央区赤坂一丁目一―五　鶴田けやきビル四Ｆ
電話　０９２（７１４）１０５０
ＦＡＸ　０９２（７１４）１５２９

渡辺知子音楽事務所
音楽講演、コンサート。
「生命が光る」「音楽で心のバリアフリー」をテーマに生きていることのすばらしさを体験談と音楽で語ります。オカリナ奏者の橋本たかしと共に手話を交えての歌は「見て・聞いて・感じて」のステージです。全国各地で公演。
〒八〇二―〇〇五二
北九州市小倉北区霧ヶ丘二丁目一八―一
電話　０９３（９３１）７５００
ＦＡＸ　０９３（９５２）６１１１

スタディオ・パラディソ
本書の執筆者の一人である森山英子が主宰する〇歳から七〇歳まで、気持ちのよいからだづくりを目的にした健康づくりのエクササイズスタジオ。
〒八一〇―〇〇一一
福岡市中央区高砂一―二四―二二
ラサビル５Ｆ（西鉄薬院駅から徒歩三分）
電話０９２（５２４）２２４５
ＦＡＸ０９２（５２４）２２８１

日本ＦＰ協会
〒一〇五―〇〇〇一
東京都港区虎ノ門一―一―二〇　虎ノ門実業会館６Ｆ
電話　０３（３５００）５５３３
ＦＡＸ　０３（３５００）５６５０
http://www.jafp.or.jp/

ＷＡＦＰ九州（女性ＦＰの会）
〒八一四―〇〇〇二
福岡市早良区西新四―八―三四　ＳＡＺＡ21ビル706号
電話　０９２（８３２）３２０５
ＦＡＸ　０９２（８３２）３２０６
http://www.fproom.com/wafp/kyushu/kyushu/index2.html

ファイナンシャルプランナーの無料相談窓口

郵政事業庁　暮らしの相談センター

貯蓄相談をはじめ、年金や介護に関する相談、法律相談や税務相談をファイナンシャルプランナー、弁護士、税理士等の専門家に相談することができます。お近くの郵便局でお尋ねください。

http://www.yu-cho.yusei.go.jp/a000000/ak000000.htm

住宅金融公庫・住宅金融普及協会　住まいの総合相談コーナー

マイホームを建設したり購入したりする場合の法律・税務・建設設計・生活設計などについて弁護士、税理士、建築士、ファイナンシャルプランナー等の専門家に相談することができます。暮らしの総合相談コーナー（代表）０３（５８００）８１３８、またはお近くの住宅金融公庫支店でお尋ねください。

http://www.sumai-info.com/common/soudan.html

40歳すぎたら考えたい
快適《かいてき》な老後《ろうご》のための7つのヒント
■
2002年5月25日　第1刷発行
■
編著者　秋月枝利子
発行者　西　俊明
発行所　有限会社海鳥社
〒810-0074 福岡市中央区大手門3丁目6番13号
電話092(771)0132　FAX092(771)2546
印刷・製本　有限会社九州コンピュータ印刷
ISBN4-87415-391-7
[定価は表紙カバーに表示]
http://www.kaichosha-f.co.jp